W0199589

PLAZA & JANES / LITERARIA

CABRERA

Jesús Fernández Santos

PLAZA & JANES, S.A.
Editores

Diseño de cubierta y colección
JORDI SANCHEZ

Primera edición: Octubre, 1981

© 1981, Jesús Fernández Santos
Publicado por PLAZA & JANES, S. A., Editores
Virgen de Guadalupe, 21-33. Esplugues de Llobregat (Barcelona)

Printed in Spain — Impreso en España

ISBN: 84-01-38002-2 — Depósito Legal: B. 31.818 - 1981

Para Hipólito Escolar,
tan buen amigo mío

I

La guerra que, como la fortuna, es a un tiempo venal y caprichosa, que a unos viste de púrpura y a otros con el sudario humilde de la tierra, vino a sacarme un día de aquella condición pareja a la de tantos otros nacidos como yo sin hacienda ni parientes que velaran por mí.

Bien es verdad que todo, salvo la muerte, suele traer en este valle algún provecho o beneficio pero, a poco que los años pasen sin que la suerte venga a rescatarnos, lo que esa misma vida nos entrega nunca llega a borrar del todo la cosecha de un tiempo de desdenes, hambre y misericordia, de azotes y trabajo, según el dueño que te toca. El alma mengua y se endurece; así pierde su apresto primero, ese que asoma a los ojos cuando chicos, para trocarse en malquerer, según los días nos van macerando. Pues si el trabajo resulta madrastra de la vida, aún lo era más en aquella prisión o casa nuestra de la que el amo vino a separarme.

Llegó muy de mañana en el carro, y como de costumbre, se nos hizo apartar a los mayores. Preguntó al capellán cuáles éramos los más robustos o más sanos y cuántos habían sido depositados con esas cartas que en las Casas de Expósitos sirven después para pasar a rescatarlos. Vana pregunta. Nunca llegó ningún pariente, ni rico ni pobre, hasta aquella prisión, hasta la Cuna como todos la llamábamos. Los que, tras los primeros meses, conseguían sobrevivir, apenas esperaban sino una mano capaz de sacarlos al mundo y a la que abandonar a la primera ocasión por más risueños pagos.

Así, en aquellos patios batidos por el sol de mayo, abandonados, del estío a las nieves, con una sopa al día entre pecho y espalda, olla podrida en fiestas y algún que otro coscorrón a la mañana, el tiempo se nos iba soñando linajes, abuelos generosos que algún día llegarían a rescatarnos o al menos a dejarnos alguna buena renta con que salir al mundo, conocerlo y gozarlo, lejos de los demás cuneros.

Cada aviso para formar en el patio desataba en nosotros a un tiempo esperanza y envidia o desencanto cuando, como aquel día, el amo sólo buscaba brazos fuertes y baratos. De todos modos, ¡cuánto rencor si se corría la voz de que el recién llegado era hombre de ciudad o viuda rica en busca de criado! Vez hubo de acabar el elegido con la cabeza rota.

Sin embargo, en aquella ocasión, el amo no daba pie a reyertas. Con los brazos cruzados a la espalda, igual que un general, pasaba revista a aquel menguado batallón, mal vestido de andrajos, con el pelo rapado a trasquilones y sin mayor interés en seguirle que por volver al catre. Iba mirándonos como los muleteros en las ferias: primero un vistazo al grupo, luego, uno por uno, atento a nuestras magras carnes. Por su gusto, a no ser por la presencia del clérigo, nos hubiera mandado desnudar, mostrar los dientes y hasta el alma si es que pensaba que alguno la tenía.

Al fin la revista pareció terminar. Se apartó hasta un rincón en compañía del capellán y allí estuvieron de charla largo rato. Pronto noté que sus miradas me apuntaban. Debía preguntar al dómine por aquellas malditas cartas que a tantos preocupaban, si no sería yo de aquellos que era preciso devolver a la postre o si gozaba de alguna manda o cantidad destinada a quien se hiciera cargo de criarme.

A todo contestaba el clérigo que no. El otro pareció al cabo satisfecho y haciéndome acercar con un ademán, tras romper filas los demás, fuimos los tres al cuarto del rector para poner los papeles a la firma.

Dos sentimientos luchaban en mí. Por un lado me alegraba de encontrar techo y cama aún a costa de los trabajos que se avecinaban; por el otro, bien veía que apenas saliera a la vera del amo, me hallaba a un paso de borrar para siempre aquella esperanza de que algún pariente viniera a rescatarme. Arar, segar, vendimiar, no era trabajo para quien como yo, tal vez venía de alguna casa noble, de aquellos muros cargados de escudos que se asomaban a oscuros callejones. Según seguía pasillo adelante, pegado a los dos hombres, me juré no quedar junto a mi amo ni un día más después que hallara modo de abrirme al mundo y salir adelante.

Una vez el papel firmado, barrida de sus líneas la arena de la desportillada salvadera, mi clérigo dejó escapar un profundo suspiro como si, al tiempo que los aires, fuera a perder un tesoro muy querido.

—¡Ea, galán! —me dijo—, ahora que ya tienes padre, debes servirle y obedecerle en todo, que el Señor suele dar ciento por uno a aquellos que agradecen sus favores.

—Así haré —respondí entre dientes, en tono tan suave que yo mismo me escuché admirado.

—No te olvides de nosotros, ni de esta casa que como aquel que dice, ha sido para ti padre y madre a la vez.

A buen seguro que no habría de olvidarme. Huérfano vine al mundo y huérfano volvía a él, tras aquel largo purgatorio. ¡Fuera penas! —me dije—. A fin de cuentas lo que halles fuera no será peor; el mundo es ancho y la vida tan corta que de no apurarse, viene un mal día la que no perdona y te arrastra a su corral de donde nunca vuelves.

Seguí tras de mi nuevo amo, sintiendo sobre mí las miradas de los demás cuneros, sus cabezas peladas, sus tristes ademanes despidiéndome cada cual a su manera, unos con amistad, pregonando mi nombre, otros callados como sombras, otros en fin, haciéndome la higa como si todavía me vieran en el patio, en una de aquellas famosas riñas que tanto molestaban a nuestro capellán.

Paso a paso iba quedando la villa atrás, tan roja en las paredes como la tierra de las viñas, con sus lomas coronadas de cuevas y la gran mole de la iglesia en lo alto, mirando el río de cieno y los dientes azules de la sierra. A medio día el amo paró el carro a la sombra y sacando de su zurrón pan, vino y unas tiras de cecina me ordenó comer de todo. Al punto obedecí sin rechistar, apretando tanto y tan bien la bota que la dejé flaca y maltrecha. Él hizo como si no lo notara y tras un nuevo tiento por su parte, comenzó a preguntarme qué tal maña me daba para el campo, para la cuadra o la vendimia aunque bien se veía por mi afición al caldo de la viña que más me tiraban cocina y casa que olivos y rebaños. Yo a todo respondí que sí, según se espera siempre de criados, añadiendo que tal afición venía de no haber en la Casa de Expósitos tierras que cultivar ni gusto por ellas ya que vivíamos tan sólo de limosnas. Entonces el amo lanzó una mirada sobre los andrajos que mal cubrían del sol mis huesos renegridos y rematándola con un vistazo a mis pies descalzos, murmuró:

—Por lo que en ti se ve, tales limosnas no han de ser muchas ni abundantes. A buen seguro que mejor vestido te echó al mundo tu madre.

Estuve por decirle que tales socorros solían padecer

duro quebranto al pasar por las manos de nuestro capellán, más en la Cuna me enseñaron a escuchar y callar, sobre todo si andaba algún clérigo por medio. De modo que, punto en boca, medio dormido por el vaivén del carro, preferí esperar a que nuestro breve viaje terminara.

Los trabajos que para mí empezaron antes de amanecer el día siguiente no eran tan duros como yo me temía sino tan solo madrugar, limpiar las cuadras, ordeñar y atropar alguna que otra carga de leña poco pesada. El ama me trataba bien. Ahora andaba sobrado de ropa con los restos del amo. El jubón me arrastraba y los calzones velaban mis pies, de modo que siempre andaba en perpetuos tropezones, pero al menos me defendían del calor del día y del relente de la noche. Dormía en la cuadra, atento al canto de los gallos que anunciaban al alba un día parecido a los del resto de toda la semana. Cuando vencida ésta, el domingo llegaba, los amos y yo, siempre en el carro, íbamos a la parroquia de la villa donde una voz, desde lo alto, nos hablaba de un mundo donde no había dolor, ni miseria, ni ingratos pecadores. En tanto nacían en la penumbra ofensas y perdones, yo miraba las sillas adornadas con nombres y apellidos, guarnecidas de blandos almohadones. Más parecían tronos que aparejos de dolor ante los brazos extendidos de Cristo. A veces me parecían los que en ellas caían de rodillas, padres y madres míos pero luego, acechando su porte, su modo de alzarse o saludar, pronto los repudiaba como tales. Mi cuna y destino habían de ser otros, venir de una de aquellas capitales donde se reclutaba gente de toda condición para hacer, más allá de la mar, fortunas colosales.

A la tarde, cuando el trabajo apretaba menos por ser día feriado, a solas con mis cabras en cualquier altozano, volaban mis furtivos sueños y tan pronto me veía almirante como cardenal, capitán de tropas como vecino al Padre Eterno. Los cerros se me antojaban naves y los surcos de viñas, ejércitos en orden de batalla. La vuelta con la luna en lo alto, al pajar y la cuadra, era más dura luego, tanto como en invierno cuando el viento arreciaba, alzando heladas tolvaneras, remolinos de nieve que, traspasando el cuerpo, azotaban los tuétanos del alma. Viendo a la noche cómo mis manos se volvían negras y duras, crecía el ansia de escapar, mas dos razones me frenaban: una que si mi padre o madre, en el último suspiro de la vida, decidían acordarse de mí, cuanto más lejos me encontrara, más tardaría en alcanzarme su gracia. La segunda era el riesgo de cambiar techo y pan para ir a dar en manos peores.

El ama me zurcía la ropa, de cuando en cuando me apartaba un pedazo de queso o algún sorbo de miel o hurtaba al amo una taza de aguardiente que él apenas echaba en falta, siempre fumando a la sombra de la parra. Los dos hablaban poco, más parecían contentarse con su misa y su casa que persiguiendo, como tantos, nuevos predios y bienes terrenales.

Sin embargo, en los postreros meses, algo cambió en la vida de los dos. Ahora charlaban en secreto y a menudo, en tanto aparecían a la hora de cenar gentes desconocidas para mí hasta entonces. Nunca entendí de qué trataban, mas en aquellos días escuché por vez primera el nombre del emperador, de aquel Napoleón que pronto estuvo en boca de todos. Llegaban cada mañana correos de Madrid, vagos relatos de la arrogancia de sus tropas, pactos de nuestros soberanos que llenaban las horas de la noche. Librábamos los chicos duras batallas donde los de la aldea siempre salían victoriosos contra vecinos disfrazados de franceses. Cierta vez en que nos enfrentábamos entre amenazas y nubes de cascotes, vimos alzarse en el camino de la Corte una pesada y torpe caravana que semejaba tocar el horizonte. No era ninguno de aquellos oscuros remolinos que allá en agosto barrían cielo y pan, ni el humo de alguna venta en llamas, sino turbio brazo que levantándose desde la tierra, avanzaba sin pausa hacia nosotros. Grave y ceremonioso, la brisa le hacía vacilar a ratos sobre la llanura para, más tarde, renacer acompañado de un sordo rechinar de carros.

Todo el día estuvimos acechando. A lo largo de una jornada entera olvidamos guerras, labores y rebaños ante convoy tan colosal nunca visto hasta entonces.

Ya aflojando la luz, con las estrellas apuntando, alcanzamos a distinguir su cabecera: una punta apretada de soldados. Los hombres, casi todos jóvenes, algunos casi de nuestra edad aunque el recio uniforme les hiciera parecer mayores, caminaban despacio bajo la torre de unos sombreros muy macizos y altos, arrastrando botas que a buen seguro conocían tierras remotas y mejores. O quizá fuera aquél su primer viaje, tal su semblante aparecía herido por el sudor y el tedio que volvía sus correajes blancos, sus uniformes macilentos y hasta las hebras de sus leves mostachos del color de la nieve.

Los de a caballo dormían en lo alto de sus recias sillas. Sólo el paso de algún oficial les hacía levantar la cabeza o el galope de los ordenanzas siempre inquietos en busca de noticias.

Detrás iba una recua triste, a bordo de los carros: hombres de toda edad, sin uniforme, mujeres en perpetuo sueño entre niños atónitos y asustados ancianos. Y rematando el convoy a lo alto y a lo ancho, la altiva tropa de los señores de la guerra sobre caballos poderosos, cubiertos de medallas y fajines, gobernando el convoy, abriéndose paso con solo un ademán, sin echar pie a tierra, dispuestos a hacer valer su parque poderoso.

Pero no sucedió lo que temíamos, lo que en el fondo tal vez deseábamos. Nadie en la villa salió a su encuentro; ni un disparo se oyó como advertencia y el convoy con sus bocas de fuego silenciosas, sus jefes mudos y sus carros repletos de vino y pan, llegó hasta la plaza principal como visita amiga, en son de paz.

Cuando tras comentar la novedad, nos dividimos para volver cada cual a su casa, entrando en la cocina, vi al amo cenando con dos de aquellos hombres que ahora acudían cada noche. Los tres hablaban de acercarse a calcular el montante de las tropas.

—Dicen que vienen como amigos.

—En Madrid y en Asturias —replicaba el amo—, hay guerra declarada.

—Pero no aquí. Los pueblos donde los alojaron, recibieron buen trato.

—De todos modos, será preciso asegurarse. Si, como dicen, vienen en son de paz cumpliremos como el que más sus condiciones.

Y juntos los tres salieron a la noche en tanto el ama y yo, codo con codo, dábamos buena cuenta del festín desdeñado.

II

Poco pude dormir sobresaltado por el rumor que la brisa traía hasta el pueblo. Envuelto en la encrespada ira de los perros que adivinaban en el aire alguna novedad, llegaba el sordo redoblar de los tambores, algún galope que tan pronto se acercaba como huía, voces de mando como ciegos relámpagos. Por el postigo abierto a un cielo de caminos encendidos veía yo cruzar las banderas de la tarde, los jinetes de recio pie en el estribo poderoso, los peones con su mochila cenicienta y sus armas enhiestas, rematadas de negros aguijones. Escuchando de nuevo aquel solemne redoblar, voces rotundas que no llegaba a entender en aquel remolino de soldados, recordando aquellas águilas cargadas de cintas, me hacía cuenta de estar a su sombra, en busca de grado y nombre, olvidadas en parte, pasadas ilusiones.

Así, entre el sueño y la vigilia, me alcé y cuidando de que los perros no me denunciaran, salté el postigo y me alejé a buen paso. Tan sólo uno se me acercó mas, buen amigo mío, con dos palmadas en el lomo, quedó tranquilo en la penumbra, en tanto yo me abría al campo repleto de esperanzas y temores.

Era la noche, como dije, tibia y serena como suele por mayo y a no ser por los franceses, una de tantas preludio del verano. Callaba el río, los grillos se afanaban igual que las chicharras por el día, mientras un vivo resplandor de relámpagos iluminaba cerros y lomas, trazando en el horizonte un mapa cárdeno. Luego quedaba todo a oscuras y era preciso seguir a tientas hasta encontrar el rumbo de la villa. Allí estaba, cada vez más vecina, encendida como en fiestas, viva y despierta, alumbrada por linternas y hogueras. Todo el mundo se hallaba en pie, otros muchachos como yo acechaban a los forasteros, imitando a los mayores. Las mujeres, desde detrás de las cortinas, miraban el paso firme de los oficiales, el sordo resplandor de los cañones.

Frente a la iglesia, un grupo de paisanos hacía balance de las compañías según el color del uniforme.

—Ésos parecen marinos de la guardia.

—Y ése ha de ser el mismo general. Lleva el bastón de mando.

—¿No es demasiado joven?

—En Francia crecen ahora como nabos. Según dicen es el primero en todo. Hace dos años venció a los austriacos.

—Aquí le irá peor.

—Eso depende de nosotros.

—Depende de la suerte, también.

—Asegura que sólo quiere pasar a Cádiz. A proteger la escuadra.

—Y de paso a llevarnos por delante. Ya conocemos esos viajes. Así ha juntado su fortuna, digna de un cardenal.

—¿La llevará con él?

—Estará a buen recaudo.

—¿Para qué tantos carros, entonces?

—Para volver con ellos a Madrid repletos de oro y vasos. No hay sacristía ni tesoro que no abra, ni catedral que deje a salvo. Al menos eso dicen los que le conocieron antes. Y lo que es bueno para él, vale para sus tropas.

Todos callaron por unos instantes, luego la voz del que sólo veía banderas y uniformes, murmuró de nuevo:

—Allá van los suizos.

—Pero, ¿no están de nuestra parte?

—Serán polacos. Vienen de todas las naciones.

—Dicen que prometieron no pelear contra los españoles.

—Luchan por el que más paga. Los hay en los dos bandos. Por un sueldo son capaces de acabar con la vida del mismo Jesucristo que bajara del cielo.

—De todos modos, el general ha pedido sólo colchones para dormir.

—Luego nos pedirá nuestras mujeres.

—A cambio nos dará certificados.

—Nos dará certificados de cabrones.

No lejos, otro puñado de paisanos leía junto a la escasa luz de las brasas, el aviso que los recién llegados dirigían a las autoridades:

... así le ruego informe a sus vecinos y habitantes de que el Ejército francés está entrando en su territorio como amigo donde se le ha recibido bien en todas partes y de que todos los rumores que se propaguen para infundir temor y hostilidad hacia él son enteramente falsos y sin ninguna base real...

Cuando la carta concluyó, alguno resumió en voz alta el sentir de todos:

—Por lo que de ellos se sabe, hasta el presente, cumplieron. Ya se verá más adelante.

—Sólo piden calma y provisiones.

No supe si acordaron guerra o paz; menguada guerra

ante tan poderoso enemigo, paz poco estable a juicio de la mayoría.

Aquel ejército invicto hasta entonces parecía capaz de borrar a su paso villas y tropas como la primavera cuando desata sus torrentes. En sus filas formadas de nuevo iba mi vida, mi fortuna tal como ya la imaginaba junto a los soportales de la plaza, dudando todavía si volver con el amo o aprovechar aquella ocasión inesperada. Tan pronto se me representaban los azares temidos de la guerra tantas veces oídos en las tertulias de la noche como el tedio de enterrarme en vida a la sombra de viñas y rebaños. Todo cuanto me dio hasta entonces la fortuna encima lo tenía yo: la ropa del patrón, mi descanso a la tarde y el cacillo de vino los domingos. Mi vida así se alzaba y concluía; poca cosa para quien el destino apuntaba a empresas de más alto porte.

De pronto se me ocurrió seguir a aquella tropa pero, temiendo que mi edad me traicionara, no osé acercarme a ella. Mejor desafiar al amo que la mirada de aquellos oficiales que, aun con el rostro en sueños, trataban de poner en pie a sus peones.

Fue el mismo amo quien me empujó a seguirlos apareciendo ante mí más grave de lo que acostumbraba. Traía en los ojos un velo de cansancio que apenas alzó para preguntarme:

—¿Qué haces aquí a estas horas? ¿Por qué dejas la casa sola?

No supe qué responder; sólo un puñado de preguntas que a mi vez me rondaban desde que apareció aquella columna. Estaba a punto de volver grupas, tal como me ordenaba, cuando le vi echarse mano al cinto. Mis dudas se borraron; no le di tiempo a más y, poniendo tierra por medio, fui a esconderme en la penumbra. Aun antes de doblar el callejón donde ya las campanas repicaban, llegaron sus palabras en el alba:

—¡Ya ajustaremos cuentas luego!

Pero nada ajustamos ni aquella noche ni más adelante. Corrí como si el mismo diablo me siguiera, hasta buscar amparo en las tinieblas. Durante largo rato aún escuché su voz llamándome; luego sus pasos se alejaron. Con él iba aquel cinto que tanto temía, mientras se abría para mí un destino más grato.

De nuevo se alzaba un rumor de tambores y clarines junto a las hogueras en torno de las que charlaban soldados y oficiales. Me acerqué a ellos. «Adiós ama —me dije—, magras cosechas y rebaños.» Al amo nunca más lo vi; el Señor lo tenga consigo, si no en su santa Gloria por el trato que en su casa recibí, al menos en el Limbo de los Justos.

III

Sólo pensé en huir, no sé si de mi suerte o de la vida. El Destino que, de un solo golpe, decide tantas veces las dudas de los hombres, me empujaba entre carros y armones, entre jinetes y soldados. Poco a poco, con el amo ya lejos, fui acomodando el paso al del convoy más lento y sosegado. Allí, tras los fusiles afilados, los morriones altivos y las robustas botas, se apretaban hacinados, entre vitualla y sacos, enfermos y mujeres, carne de pelo y pluma donde gozar la tropa cada noche junto a muchachos como yo; toda una grey que arrancada de las villas por gusto o por necesidad, seguía la huella de los gastadores.

No era aquélla la vida que me imaginaba, la hueste que me cegó a la noche, nueva familia en la que habría de aprender lo que la cuna y amo me negaron, pero aun con todo, el día que despertaba en las voces de mando me empujaba adelante, tras los carros, en los que bien hubiera podido viajar completa una de aquellas aldeas rezagadas que íbamos dejando atrás entre tesos de viñas.

Ya iba el sol en lo alto, ya calentaba la magra carne de los pies descalzos, cuando desde el pescante de una de aquellas rústicas carrozas, vino una voz llamándome:

—¿De dónde vienes tú?

Me volví sorprendido sin acertar a distinguir quién tan a prisa podía tener noticia de mi huida.

—A ti te digo —gritó otra vez la voz por encima del rumor de las ruedas—. Acércate y responde.

Obedecí y acerté a distinguir una sombra con apariencia de virago asomada a un parapeto de arpilleras y tablas. Dos negras crenchas se derramaban de la cabeza a su cintura; su saya dejaba al aire media pierna y un menguado justillo hacía adivinar dos tetas poderosas como aquellas que en la Casa de Expósitos se alquilaban para los huéspedes más ricos y notables.

—No huyo de nadie, señora —respondí aparentando dignidad—, voy por mi propia voluntad en busca de fortuna a donde pueda procurármela.

Oírse tratar de señora y abrirse al punto en carcajadas fueron la misma cosa. Hasta el carro vacilaba bajo el peso de sus carnes hasta que abandonando las riendas en manos de su acompañante, afilando los ojos, murmuró a duras penas:

—¡De modo que por tu voluntad! No sé de nadie que acepte de buen grado esta vida de canes pero tú has de estar hecho de otro barro que los demás mortales, de esos que van allá adelante.

Señaló la vanguardia de la tropa, en tanto yo asentía:

—Así es. La milicia es carrera que me cuadra. Ninguna mejor para empezar como yo de la nada.

—Ya veo. Seguramente tienes vocación de servir pero en tanto, más te valdría darle tregua al hambre y calzar esos pies para tantas jornadas como restan.

—¿Son muchas leguas todavía?

—¿Quién lo sabe, galán?

Y al tiempo que su voz, llegaron por el aire un mendrugo de pan y un par de abarcas rotas y remendadas que parecían haber sido pasto de los perros.

En tanto daba alivio a vientre y pies, asistiendo al desfile de la tropa, me dije que no empezaba mal el viaje.

Por vez primera, era dueño de mí; de alzarme, andar, medrar, olvidar falsas modestias, fingidas devociones. Era tan libre de hacer el haragán como de sentar plaza, de alistarme como de hallar a mis progenitores, aunque bien comprendía que para dar cima a tal hazaña mucho habría de ayudarme la suerte.

Así, no huyendo sino buscando mejor acomodo, fui ganando terreno al convoy hasta alcanzar de nuevo el carro cuya misericordia se me abrió poco antes. Pronto estuve a la vera de mi virago que en el pescante, maldecía a las mulas blasfemando, luchando por no quedar atrás, apurando las fuerzas de los rendidos animales. Esta vez no me vio; tan apurada andaba. Con su greña caída recordaba los cuadros de los condenados que los cuneros contemplábamos allá en Semana Santa, donde las llamas del infierno cocían a los pecadores.

En este purgatorio, en cambio, en el arca de mi benefactora, lo que más me llamó la atención fue una figura inmóvil que junto a ella parecía tan ajena al estruendo del convoy como si no se hallara en este mundo. Creí primero que dormía pero, al cabo, volvió el rostro hacia mí y pude ver sus ojos entreabiertos, rojos como las tardes del estío, tan lejanos como las nubes de los cerros. A pesar de la mañana tibia, llevaba sobre los hombros un redingote de galones dorados que le cubría en parte los tristes calzones. Los vaivenes del carro mecían su cabeza como fruta en otoño desde la frente hasta la barba rematada por un par de mostachos teñidos por la saliva del tabaco. De cuando en cuando sacaba su pipa de algún remoto lugar bajo el capote y eran de ver sus trabajos y cuidados para atacarla de tabaco, prender la yesca y sujetar entre los dedos el largo tallo de madera vieja. Por dos veces repitió la operación antes de que su compañera preguntara de nuevo:

—¿Cómo van esos pies?

—Un poco más ligeros que antes —respondí en mi tono más amable.

—No pareces enseñado a andar.

—No tanto que no sienta las leguas de los tobillos hasta la entrepierna.

Me lanzó una mirada por bajo del ombligo y exclamó:

—¡Mucho presumes tú para tan pocos años!

—La edad, señora, no se mide por años sino por condiciones.

—¡Sabias palabras! ¿Dónde las aprendiste? A buen seguro que de algún ermitaño.

—Su merced se equivoca.

—Entonces en el coro.

—Viviendo y escuchando a los demás que son en todo maestros de la vida.

Rompió a reír la virago y repuso:

—Pues si sales con bien de este viaje aún los encontrarás mejores. ¿Quieres subir aquí?

Miré el pescante donde la sombra se agitaba y contesté con cierta prevención:

—Nada agradecería más, señora, que compartir ese lugar que dice y sacudirme el polvo de los ojos, pero no sé si ha de haber espacio allá arriba para tantos.

De nuevo vino aquel raudal de carcajadas.

—Hablas como un sacristán pero ven, salta conmigo arriba. ¡Quién sabe si mañana no me salvas el alma como te salvo el cuerpo ahora!

Y tendiéndome la mano me izó en un vuelo sentándome vecino a su pareja que ni siquiera se molestó en mirarme.

Aunque el carro parecía desbaratarse a cada bache me pareció que mi suerte se enderezaba aún más. Aquello no era viajar descalzo entre zarzas y cardones sino más holgadamente, antesala de alguna de aquellas casacas colmadas de galones. El mundo que apenas iba conociendo no parecía gran cosa; bien mirado, sólo se distinguía de aquel otro del amo en aquella columna de colores que unas veces a paso lento y otras más vivo o impaciente, tan pronto se abría sobre senderos de barbechos como se prolongaba a lo largo del camino real, desde la retaguardia hasta la erguida tropa de los exploradores.

Los días no tenían fin, las noches pasaban en un vuelo al amparo del carro, bajo una manta que se avino a prestarme mi benefactora. Apenas el resplandor del cielo o el relente del alba anunciaban la hora primera ya sonaban los clarines como gallos, alzando a los soldados, haciéndoles aparejar los pesados furgones. Cañones, tropa y parque se ponían de nuevo en movimiento y otra vez bajo el fuego del sol, en el silencio de aquel desierto blanco, cada cual era dueño de sus pensamientos.

Los oficiales, tras las noches en vela, dándole al naipe, al vino, a la mujer ajena o propia, luchaban por vencer el sueño, en tanto los paisanos a pie, se mantenían de humo y esperanza, procurando aferrarse a los carros cada vez que sus fuerzas flaqueaban. Eran gente tan ajena a la guerra como yo, escribanos, gente de pluma, débiles animales más amigos de mesa y salvadera que de andar peregrinos sin sombra a que arrimarse. Eran como los alguaciles de la aldea, muy recios de puertas adentro; en campo abierto, débiles y amables.

Poco a poco fui conociendo, uno por uno, a los demás viajeros, según los descubría mi ama.

—Ésos son empleados.

—Empleados, ¿de qué?

—Del nuevo gobierno. La mayoría juraron ante el rey José por no perder el pan y volverían a jurar otra vez por el mismo rey de Roma, con tal de conservar sus rentas.

Yo que nada sabía de reyes honrados o traidores, miraba a aquellos hombres que tal desdén desataban. En silencio, indefensos bajo el sol y el polvo, más parecían sometidos al destino que dispuestos a defender sus privilegios. Apenas charlaban ni siquiera entre sí. A la hora de cenar hacían rancho aparte, aprovechando aquella pausa lejos de los demás para confiarse unos a otros quién sabe qué ilusiones.

—Su mayor preocupación es seguir como están o mejorar si pueden. Con eso y espantar el miedo tienen con que llenar sus días y sus noches.

Miré aquel mar de batallones que nos abría paso preguntándome qué temerían viajeros tan particulares. Los otros, las mujeres que a la noche surgían de los furgones del convoy, sí que charlaban con los soldados que, a pesar de los rigores del día, aún parecían dispuestos a lidiar combates secretos entre blandos suspiros y vagos estertores.

—Mejor aprovechar el tiempo ahora —murmuraba el ama—; la vida está dispuesta de tal modo que siempre oculta su cara verdadera, lo mismo que la luna. De haber adivinado mi destino a buena hora aguantaba aquí yo, junto a este saco de galones. —El saco se estremeció un instante, alzando al aire el destello de sus charreteras—. Aunque, si bien se mira, no voy a abandonarlo al cabo de los años para que un día me lo rematen como un perro.

—Algún delito grave tendrá a sus espaldas. Según tú misma dices nadie se alista sin razones poderosas.

—Métete en la cabeza lo que voy a decirte. —La virago me miraba hostil—. En la guerra la razón sirve de poco. Quien gana siempre tiene la mejor. —Bajó la voz y añadió en otro tono—: Tú por si acaso, estate atento siempre; no te alejes del carro que aquí no han de venir a buscarte.

Y como un eco a su advertencia, pocos días después

un pelotón de exploradores hallaba, junto a un pozo vecino al camino, lo que restaba de tres hombres descuartizados como reses.

Un huracán se había desatado sobre sus despojos negros de sol y moscas, sobre sus rostros y uniformes, ante sus ojos espantados, poblando sus pechos de oscuras cicatrices.

—Ahora vendrán las represalias —murmuró una voz a mis espaldas—. Fusilarán a diez o más. ¿Tú de qué lado estás?

Me volví mal dispuesto a contestar. Ante mí, otro muchacho de mi edad se respondía a sí mismo:

—Yo de los españoles...

—También yo —repetí.

—...Y a la vez de los franceses —concluyó.

Quedé perplejo preguntando:

—¿Cómo puede ser eso?

—Napoleón nos engañó, nos ha invadido.

—Entonces, ¿qué podemos esperar?

—Pero ahora nos tiende la mano para evitar una guerra más larga.

—¡Buena razón para fiarse!

—Eso dice mi padre.

Miré a su espalda buscando a su mentor pero no vi a nadie.

—¿No sabes que hay en Francia un regimiento español? En él está y con él pienso reunirme yo.

—Mal camino llevas entonces.

—Pienso embarcar apenas demos vista al mar. No han de faltarme amigos que me ayuden. Por tierra en cambio es inútil intentarlo.

Viéndole tan erguido y aplomado, escuchando sus razones, se adivinaba su buena cuna y casta. Entendía el francés tanto como el cristiano y así, escuchando un rumor de voces, murmuró señalando a los cadáveres:

—Vámonos, que ahí vienen a enterrarlos. Según anda de inquieta la tropa podemos acabar pagando justos por pecadores.

De nuevo en el convoy, con ademán gentil, se despidió de mí tendiéndome la mano. Parecía uno de aquellos que nos visitaban en la Casa de Expósitos para asistir a la misa de Pascua.

—Confío en que nos veamos otras veces.

—Por mí no ha de quedar. Mañana, si quieres.

Al menos tendría con quien matar las horas y a quien arrimarme si el ama me faltaba. Lo demás bien poco me decía: los ultrajes de la tropa, las celadas de los españoles, los cuerpos que quedaban a mi espalda. Tanto me daba rencilla más o menos; yo era tan sólo mi persona. Mi país, mi edad, nacían y terminaban ni más allá, ni más acá de la sombra de mi manta. Así una noche se lo refería a mi benefactora cuando, tras de mirarme largo rato, me preguntó de pronto:

—¿Cuántos años dices que tienes?

Ya iba a mentir, pero no hubo ocasión. Antes de hacerlo, proseguía:

—Apuesto a que, muchos o pocos, no cataste mujer aún.

Y más veloz su mano que su voz, me enganchó por la pretina porfiando. Luego llegó la otra y en lid tan desigual, yo resistiendo y ellas apretando, pronto acabaron en el suelo del carro mis calzones, quedando tal como vine al mundo de cintura a abajo. Luego mi ama y señora, alzándome en un vuelo, fue a dejarme caer sobre su musgo cano, obligándome a cabalgar con un galope tan tendido y largo que a la postre acabé desfallecido.

Yo a todo me prestaba temeroso de perder su favor y a la vez recelando despertar al sargento que junto a nosotros, no supe si dormía o velaba. A ella en cambio poco le importaba; cuando acabó sus maniobras, me besó en la frente y haciéndose a un lado, me abandonó sobre la paja rendido y humillado.

Busqué en la oscuridad lo que quedaba de mis ropas y cubriéndome las partes que mi enemigo tanto apreciaba, procuré cerrar los ojos y olvidar el trance.

Mas por mucho que llamara al sueño, siempre volvía a mí la imagen del sargento, envuelto en su capote que a la vez le servía de manta, silla y cama. Sólo sus manos se movían como si malos vientos cruzaran bajo sus sienes blancas. A ratos murmuraba palabras que no llegaba a entender, quien sabe si recuerdo de amoríos o memoria de pasados combates. Sólo una vez le sorprendí mirándome. Sus ojos, el todavía sano y el otro vivo a medias, se hallaban fijos en mí, perdidos y acechando.

IV

Jornada tras jornada, alcanzamos la sierra. Aquel gran muro surcado de columnas colosales me recordaba el órgano de nuestra capilla que atronaba los oídos de los cuneros por Pascua. Hubieran sido necesarios brazos gigantes para meter en él un poco de aire, cumplidos vendavales, para arrancar alguna música que nos hiciera más feliz el viaje.

Algún carro perdimos en el paso; dos jinetes dieron en él su postrer salto pero, al cabo de una noche y un día, quedó la sierra atrás y ante nosotros un horizonte de llanuras tersas como la palma de la mano. Los días se tornaron otra vez blancos, iguales; era tal su tenaz monotonía que cualquier novedad se recibía como un bien del cielo, como ese pan que iba faltando según avanzábamos. La punta de ganado que nos acompañaba se reducía poco a poco y aquel peregrinar constante impedía a los contados cazadores tender lazos y trampas a liebres y palomas.

—Con un día de descanso —apuntaba el amigo—, matábamos el hambre, pero quien manda, manda. Puede que más abajo, tengan prevista la intendencia.

Mas nuevas leguas quedaban atrás sin que cambiara el

signo de las cosas. Aunque el grano comenzara a faltar, incluso para la misma tropa, él siempre contaba con sus amigos oficiales, fuera verdad o no la historia de su padre. Cuando el puchero andaba mal, se acercaba a sus tiendas, consiguiendo algún resto de olla con el que ricamente merendábamos, a recaudo del sol que hacía crujir los huesos y la madera de los carros.

Cierta noche, una de aquellas pocas en las que la virago me dejaba en paz, aliviado de envites, muerdos y revolcones, vi salir al sargento con su botija a mano. Yo le seguí en la oscuridad, tratando de acomodar mi paso al suyo a fin de no alertar a los que por allí dormían, más que de sueño de puro cansancio. Le vi llegar hasta intendencia y alzando el toldo del furgón más cercano, saltar dentro con mayor desenvoltura de la que suponían sus piernas y sus años. A poco apareció y ahora aquella botija condenada debía pesar bastante más que en el viaje de ida pues apenas la sostenía con ambas manos. Volvió al carro, siempre conmigo a los talones, y a poco se dormía con su tesoro al lado. Mas conociendo ahora qué clase de agua bendita guardaba para sí el alacrán, esperé a que sus ronquidos me avisaran y en lo mejor dcl sueño, posé mi boca en la de su vasija hasta sentir dentro de mí su dulce caldo.

A ratos descansaba. Allá en el cielo iban girando mudas las estrellas. Yo me dormí también y así, hermanos en la vela y el sueño, recorrimos un puñado de leguas hasta que el ama, prevenida, dio en sospechar a mediodía, preguntando:

—¿Qué haces de noche tú, galán?

—Eso nadie debe saberlo mejor que vuestra señoría —repuse.

—Por eso te pregunto: porque te veo remiso y torpe, como quien hizo votos. ¿Cuál es tu enfermedad?

—Ninguna que no se cure con un cantero de pan y un

pedazo de queso —le respondí luchando por aventar las nubes que me rondaban la cabeza.

Pan y corteza aparecieron súbito; tan dispuesta se hallaba a complacerme en todo.

—Ésta sí es buena medicina, madre.

—Mejor te la he de dar si cumples como debes.

—¡Por mi salud! —repuse—. Desde que me acogió su caridad, no hice otra cosa que servirla.

—Y beber lo que no es tuyo.

—De beber poco sé, que ya en la Casa me advirtieron contra todos los vicios.

—Entonces. ¿De dónde viene esa peste?

—¿Qué peste dice?

—Esa que arrastras de dientes para atrás.

—Algún humor será que viene a la boca tras de tanta abstinencia. Sepa que desde niño no caté sino agua. Nos lo tenía prohibido el dómine.

—Bueno sería si saliste a él. A buen seguro que también ayunaba.

—Sólo en Cuaresma y poco.

—Razones no te faltan para todo —rió largo y tendido—. Pero dime: ¿por qué diablos quieres sentar plaza?

—Nunca afirmé tal cosa.

—Tienes mala memoria.

—Para medrar si el tiempo y las circunstancias no me estorban.

—¿Medrar dices? Mírame a mí; a mis años, sin un mal colchón donde dormir. Mi vida y mi fortuna son estas cuatro tablas, apañar lo que pueda y seguir esperando a que soplen vientos mejores. De joven no me cambiaba yo por nadie pero los años no perdonan, el corazón amaga y cuando me levanto a la mañana, no sé si alcanzaré la noche.

—¡Sursum Corda! —exclamé—. Aún ha de levantarse muchas veces.

—Dios te oiga, hijo. Así se cumpla, como dices.

Me besó en la frente como solía de día, no de noche, en tanto el sargento celaba sus ojos, quien sabe si durmiendo o sospechando. La vieja calló. Sólo viendo al pie del camino un pueblo abandonado, volvió a su tema favorito:

—Todo en la guerra es acertar. Lo que hoy parece país amigo mañana puede ser tu camposanto. Este paseo tan largo y aburrido acabará en retirada cualquier día. —Lanzó a ambos lados un mirada prevenida—. En este oficio nuestro, nadie conoce dónde la muerte espera.

Yo, por mi parte, trataba de sobrevivir en mi otra guerra entre las piernas de la vieja, mostrándome diligente en todo aunque aquel trajín de carnes y sudores, su boca de lobo siempre en busca de mis partes mejores, me restaran fuerzas para luego, de día, recolectar puerros y cardos con que llenar la olla. Así fuimos a dar ante una villa toda trazada a cordel, en la que muros y calles se nos presentaban pintados del mismo color, a la vera de huertas y jardines.

Viniendo de nuestros tristes páramos, se me antojaba otro país distinto donde las gentes hubieran aprendido a vivir sin quebrarse la espalda sino más sabiamente. Digo vivir y digo mal porque precisamente lo que más llamó nuestra atención fue ver aquellas calles muertas, mudas y las puertas de su iglesia principal cerradas, mostrando al aire sus ventanas, de par en par, sobre los soportales. Sólo el rumor lejano de una fuente y la muestra dorada de la barbería animaban aquel silencio inesperado, mitad alerta, mitad amenaza. Resultaron inútiles las diligencias de los oficiales para encontrar alguno que les diera razón de aquella desbandada, del paso de otros ejércitos amigos o enemigos. Sólo dos viejos consiguieron hallar, pero fue inútil estrecharlos a preguntas, amenazarlos, tratar de convencerles con suaves ademanes. Nada sabían, nada tenían que decir, en modo alguno se hallaban dispuestos a colaborar. Hubo que dejarlos en libertad y seguir adelante.

Mas lo que aquellos mudos confidentes no quisieron decir era secreto a voces. Desde la retaguardia a los altivos gastadores, ninguno hablaba de otra cosa. Sin saber de qué modo, como si el ángel del Señor fuera dictando la noticia, vino la nueva de que los españoles preparaban un gran ejército para subir desde el mar a detenernos.

Era preciso pues, que nos hallara preparados, encomendarse a la Fortuna y a ser posible, ganarles por la mano.

Se aceleró la marcha pero nada cambió en el horizonte. Sólo asomaban más aldeas vacías, ancianos silenciosos y bandadas de chicos buscando sobras donde ya nada quedaba. Ahora, con las reservas agotadas, era preciso madrugar, adelantarse a los demás, organizar expediciones en busca de sembrados y alquerías.

Mi amigo y yo formábamos pareja en tales aventuras, partiendo luego la cosecha en raciones.

—¿Sabes en qué destacan más los españoles? —preguntaba de pronto.

—En el valor, sin duda.

Rompió a reír y mostrando la pipa que solía encender a los postres, respondió:

—En esto.

—¿En fumar?

—En el gusto por el humo. Dice mi padre que los daneses, viéndoles encender tantos cigarros, les siguen temerosos de que quemen sus campos.

—Pero tu padre, ¿no está en Francia?

—Sirve a Francia pero está más arriba, en Dinamarca. Allí los españoles se señalan en eso y en la misa.

—¿Qué misa? ¿No son herejes todos?

—Justo por eso. Como no hay iglesias, el capellán la

dice al aire libre para los dos regimientos, el de Asturias y el de Guadalajara.

Se llevó la mano al pecho y sacando un cumplido paquete de papeles, comenzó a leer:

«Cuando llegamos a esta villa, el obispo, poco acostumbrado a recibir extranjeros, mandó esconderse a las mujeres mientras los hombres alzaban barricadas. Sin embargo el buen orden y disciplina de los soldados, la oración que los dos regimientos rezan de rodillas en la plaza mayor, hicieron a todos mudar pronto de opinión.

»Ahora nos tratan con mucha simpatía, sobre todo los niños que rodean a nuestro tambor mayor cuando pasea sobre su rocín blanco.

»A los daneses les parecemos muy vivos y alegres. Algunos de los nuestros llevan guitarras y nunca falta un público bien dispuesto a la hora del fandango, ni serenatas bajo los balcones.

»La hora de partir ha sido dura para todos. Aseguran que echarán de menos tanta fiesta en las calles y tan buenos amigos. El mismo obispo, vecinos y hasta forasteros han venido de todas partes a decirnos adiós, lo cual es poco usual y final agradable en los tiempos tan duros que corren.

—¿Pero qué guerra es ésa? —le interrumpí—. ¿Quiénes son esos daneses?

—Gente de paz, según parece, aunque allí los españoles ayuden a Napoleón.

—¿De modo que allí son invasores?

—En cierto modo sí.

—¿Por qué entonces los reciben de ese modo?

—Porque no les temen.

—¿Y a los franceses sí?

—A los franceses los conocen mal.

Pero por mucho que mi amigo se empeñara, unos y otros, daneses en el Norte y españoles aquí, desconfiaban todos. Las malas nuevas corren pronto y aquellos pueblos desiertos que se sucedían, pregonaban bien a las claras una verdad que me hacía considerar mis antiguas pretensiones. Sentar plaza o abandonar, cambiar de bando, todo se me antojaba turbio, revuelto, sin sentido. Mi tiempo de expósito pesaba sobre mis espaldas. Tan pronto se inclinaba mi razón a favor de mi benefactora como corría tras de aquellos vecinos huidos para no alistarse. Compartía su miedo y al tiempo los temía y esperando su vuelta, me sorprendía el alba. Había españoles luchando en uno y otro bando, corsos, polacos y germanos, monarcas verdaderos capaces de dejar su trono a otros recién llegados que a su vez engendraban sucesivas contiendas.

Mejor huir, olvidar honores y comida, quedar por mío, libre del todo como soñé a menudo en mi lejana casa de cuneros.

V

Ya junio asomaba su piel dura y valiente a los pies de la sierra. El sueño, la sed y aquel nuevo silencio de los campos hacían más riguroso el viaje, obligando a nuevos descansos según iba la jornada vencida.

Al fin topamos con una villa verdadera, tal como yo la imaginaba, con su puente y su río, toda sembrada de naranjos que se apretaban en la penumbra de las calles. A la noche, tratando de cenar con mi ama, eché de menos al sargento.

—Ha tenido que presentarse al comandante.

—¿Temen algo?

—Nada que nos moleste por ahora. Ya veremos más adelante.

Pero se la veía preocupada. A menudo quedaba sombría. Unida a su sargento de por vida, y a la vez nacida como yo en el país, su riesgo era mayor en el caso de que el convoy la abandonara. Su destino, para bien o para mal, era seguir a aquel ejército antes de que los españoles consiguieran reunir sus tropas. Su vida dependía de aquella sombra que al filo de la madrugada volvía anunciándose con un sinfín de tropezones.

Aquella noche no durmió ninguno de los dos. Al pie del carro con su vasija entre ambos, era como si el vino y la desgracia los uniera recordando tiempos pasados y mejores.

La noticia llegó, como siempre, en boca del amigo.

—Están en armas todos contra Napoleón.

—¿Quiénes son todos?

—Todos los españoles.

Le temblaba la voz, su cuerpo se agitaba como si ya el ejército enemigo apuntara desde los cerros próximos. Llegaban en la brisa toques de alerta de las distintas unidades y antes de reanudar la marcha, otra mala noticia vino a sumarse a la anterior, entre los oficiales. Oyendo sus repetidas maldiciones le pregunté a mi amigo si nos amenazaba algún desastre.

—Los suizos se han pasado al enemigo.

—¿No peleaban con nosotros?

—Pelean por su sueldo.

—Entonces, si han hecho causa común con los de enfrente, no apostarán en balde.

—Si ese ejército que dicen aparece —replicó, seguro como siempre—, el nuestro lo hará pedazos. No nos impedirá alcanzar el mar.

Allí estaban sus vanguardias como a una media legua, apostadas en cerros y colinas, mezcla de campesinos y soldados. Un nuevo puente interrumpía el paso partido en dos mitades por un muro de parapetos y trincheras. Tal como se esperaba, nadie perdió la compostura. Un grupo de jinetes se acercó a distancia prudente y tras consejo breve, a una señal, avanzaron los cañones que en un instante abrieron brecha a los primeros tiradores.

—¿No te decía yo? —gritó el amigo—. No hay ejército capaz de detenernos.

—Esto es sólo el principio.

—Ni Europa entera —replicó con entusiasmo—, aguantaría nuestro fuego. —Y acto seguido repasaba fechas y nombres de batallas que yo escuchaba por primera vez.

—Será como tú dices —desconfiaba yo—, pero hasta hoy no hicimos sino viajar y padecer.

—¿Y esta embestida de hoy?

—¿Qué embestida? ¿Ese par de andanadas? Si tus victorias son como ella, esta guerra no es guerra.

—Eso ya se verá más adelante.

Como dispuesta a desmentirme, llegó la verdadera acometida de la tropa, el múltiple relámpago de las oscuras bayonetas al aire, los duelos en el río con su aluvión de cieno y sangre.

Allí descubrí la guerra yo, en aquellas improvisadas fosas donde los de uno y otro bando, unos en brazos de otros, tras tanto combatir, acabaron al fin por encontrarse.

Desde allí a Córdoba todo fue una carrera apresurada a pesar de que la sed constante nos empujaba al río y la fatiga a duras penas se apagaba. Hasta los animales parecían adivinar como los hombres, la abundancia cercana que de lejos se anunciaba con un repique alerta de campanas.

Ya la ciudad estaba ante nosotros atenta, temerosa, tras de sus altas torres. Todo aquel que podía caminar, abandonó la retaguardia, luchando por un lugar más a propósito desde el que dominar el sitio que se preparaba.

Pero no hubo tal. Las puertas defendidas se entreabrieron de pronto a una tropa de jinetes con bandera blanca. Otro destacamento salió de entre los nuestros a su encuentro. Más allá de las murallas, la ciudad esperaba temerosa; más acá, a este lado del río, la división se impacientaba. Un sol de fuego caía a plomo sobre cimeras y morriones, sobre la torre de la catedral que apuntaba a las nubes con su dedo de cobre. Viendo la villa tan extendida y apretada, grande y desierta a un tiempo, la impaciencia también se alzaba en mí, deseoso de conocerla y pasearla.

De improviso un rumor de disparos se dejó oír desde una de sus torres. Aún los ecos no se habían borrado y ya el grupo de jinetes se deshacía como bandada de gorriones, unos buscando refugio en la muralla, otros volviendo grupas y repartiendo órdenes. Los de a pie se adelantaron los primeros empujando un cañón que al punto comenzó a batir la puerta, pero aquella barrera formidable no consintió en ceder y fue preciso rematarla a fuerza de hachas y brazos. Por el hueco abierto entró la infantería y en un instante comenzó el asalto.

Oscuras columnas se alzaron en torno de la roja corona de campanarios y tejados y como si el furor del fuego no fuera bastante, pronto la gente de los carros reclamó su parte.

Allá corrían viejos y niños, enfermos y lisiados, coimas dispuestas a cobrar tanto pago aplazado, nubes de hambrientos en busca de pitanza. Vi cruzar a mi lado a mi benefactora tan encendida y valerosa que apenas me reconoció, la greña al aire, luchando por cruzar el río con un par de alforjas terciado a la espalda.

—¿Qué haces ahí, sacristán? —me gritó sin detenerse—. ¿No querías saber cómo es la guerra? Pues no te rezagues. La guerra es nuestra ahora. Corre antes de que otro se adelante.

Tenía razón; ya a la caída de la tarde, de las puertas en ruinas surgía un rosario de soldados, unos bebiendo de doradas copas, otros llevando a rastras fardos colosales. Vajillas, telas, muebles, iban llenando carros y tartanas en un desfile que duró hasta madrugada.

Entonces me decidí a acercarme hasta aquella muralla que parecía dividir el mundo en dos mitades; la una altiva y alegre, la otra sombría y cruenta. Nada más cruzarla vi un montón de cadáveres ardiendo entre un rebaño de perros que a bocados se disputaban su carne chamuscada.

Ciegos palacios abrían a la luz sus puertas, sus techos encendidos, en un silencio hostil de crepitar de hogueras. Pero lo que espantaba sobre todo, era el olor a muerte que la brisa traía: un hedor que parecía desprenderse de aquellas ruinas hacinadas, de las iglesias mudas, de las bodegas reventadas, de aquella tropa tendida en las esquinas, durmiendo, vomitando un mosto pesado del color de la sangre.

Un grupo de jinetes se afanaba intentando derribar otra gran reja defendida por celosías de madera. Dieron por fin en tierra con ella y una vez dentro, vino del interior un coro de maldiciones y disparos, seguidos de gritos de mujeres clamando. Yo las vi luego, cuando la casa quedó libre de soldados, revueltas en vergüenza y sangre, alguna con la cabeza rota, los hábitos rasgados, humilladas en el suelo, tratando de ayudarse unas a otras.

Fuera, en la calle, la procesión continuaba. Un convoy de coches se abría paso cargado a tope, vacilante. Mas por su mala suerte, antes de que cruzara la muralla, vino a darse de cara con un oficial, a quien acompañaba un puñado de soldados. En un instante mandó apartar el botín y, una vez todos contra la pared, les envió a otra vida peor de la que ya se prometían.

Así, a lo largo de tres días y tres noches, fui conociendo el semblante de la guerra, no en ninguna batalla memorable, sino en aquellos hombres que al decir de mi amigo, así manchaban el honor del uniforme.

—Nadie puede evitarlo. A fin de cuentas tampoco ellos conocen otra ley que aquella que les enseñaron. Para muchos es su bautismo de fuego.

—Más que de fuego, avaricia.

—Cuando falta el honor, no hay diferencia. Y sin embargo —añadió mirando el campamento— la guerra es noble profesión, cuando se sabe respetar sus reglas.

Yo recordaba la ciudad a mi espalda, preguntándome de qué servían tales reglas, aquel honor del que solía hablar, a la hora de impedir tales desmanes.

—Tú, de la guerra sabes poco.

—A buen seguro porque no valgo para soldado, como tú.

—Menos valdrás si te toman por confidente o desertor. Si te echan mano nuestros paisanos españoles recuerda lo que les sucedió a tantos otros. Haz como los demás: espera. El general nos llevará hasta las puertas de Cádiz antes de una semana.

Los propósitos del general no prosperaron. Fue inútil que sacara la división de la ciudad, prohibiendo entrar en ella salvo en casos muy particulares. Resultaron inútiles también las misas en la catedral con intención de unir a vencedores y vencidos porque un odio nuevo, un deseo de venganza iba naciendo en la ciudad y más allá del río, ocupando el lugar de los muertos, de las casas vacías y las hogueras sin apagar aún. Aquella sed de revancha nacida del orgullo, de una memoria rendida y humillada, se dibujaba ya en el horizonte, en las nubes oscuras que el mes de junio hacía retumbar como anunciando batallas venideras.

Incluso mi benefactora, olvidada del carro ahora provisto de vino y harina, murmuraba:

—Las cosas buenas: la plata y los vasos quedan siempre para los oficiales; nosotros nos conformamos con las sobras. Es justo pues que paguen más también, si algún día se vuelven las tornas.

VI

Cuando todos esperaban seguir hasta la mar con victorias que rindieran todavía mejores beneficios, vinieron órdenes de retroceder. En la revuelta caravana, ahora crecida con multitud de carretas rebosantes, volví a encontrar a mi amigo.

Otro muchacho de parecida edad le acompañaba ayudándose a ratos de un recio bastón que al caminar le daba cierto aire de pájaro.

—Este buen mozo es mi botín de Córdoba.

Y el botín se reía sobre el pie sano, lanzando su mirada de soslayo sobre los bien cargados carros.

—Quiere probar fortuna como tú —explicaba el amigo—, y como tres ayudan más que dos, lo tomé a mi servicio, en tanto dure el viaje.

El cojo asentía. Más que siervo semejaba compadre, de modo que le pregunté:

—¿También tú vas a Francia?

—A Francia o a las Américas, según pinten las cosas.

Yo no entendía bien si todo aquello era verdad o invención de los dos aunque maldito lo que ganaban engañándome. Puede que incluso fueran inventadas las cartas del padre que con tanto cuidado el amigo guardaba, siempre dispuesto a imaginar lo que el sentido común vedaba a los demás mortales.

Así, de pronto, como un soldado veterano, nos comenzó a explicar que la suerte del convoy bien podía torcerse todavía.

—Querrás decir la nuestra —murmuró su ayudante.

—La de todos.

—Buena noticia es ésa. ¿Tú cómo lo sabes?

—Se la escuché a los oficiales.

—El que viva verá —sentenció el otro—. Mientras tanto es inútil cavilar.

Sin embargo era tan lento el paso que el viaje se hacía más pesado cada hora y, sin caer en la cuenta, alcanzamos a los carros más torpes por el botín de los jefes y mandos. Viendo cómo se demoraban los furgones, le confié a mi amigo mis dudas sobre su general.

—Él conoce las reglas de la guerra.

—Mejor así —respondí—, porque hacer este camino dos veces en la misma semana, maldito si me place ni creo que beneficie a nadie.

—Eso creen muchos —tornó a aquel tono de hallarse en el secreto de las cosas—. Hay quien dice que por unas leguas de más, el general renuncia a su bastón de mariscal, pero el tiempo dirá quién tiene la razón de su parte.

—¿Y qué bastón es ése? —preguntó el cojo.

—El que le espera en Cádiz. Te conviene saber que nuestro jefe es el primero en la estima del Emperador. Estas leguas de ahora no son sino una de tantas maniobras de las que suelen servirse los que como él conocen la estrategia.

Oyéndole tales razones, el cojo y yo callamos, el renco dando trabajo a su cayado y yo a la cabeza con mis meditaciones. Como recién nacido a aquella nueva vida, poco entendía, creía que las pasadas jornadas habrían apagado en algo el entusiasmo de todos, pero, al igual que el sargento y su coima debían de llevarlo en la sangre, unos por ganar fama y gloria, otros por apañar más bienes terrenales. Tal pensaba cuando gritó el cojo, agitando su bastón en el aire:

—¡Allí! ¡Mirad allí! ¡Mala fruta para el tiempo que viene!

Yo no acertaba a distinguir sino unos cuantos troncos retorcidos en el mar de rastrojos.

—¡En el nombre de Dios! —exclamó el amigo. Y los tres nos acercamos a buen paso. Ya los exploradores maldecían en torno, amenazando al aire con sus puños, pues la fruta de la que hablaba nuestro cojo no era sino cadáveres, unos colgando al sol, otros crucificados, algunos con sus partes cercenadas. Un mosconeo sordo se cernía sobre la sangre seca, sobre los ojos sin pupilas ya, pasto de grajos que alzaban el vuelo con disgusto y esfuerzo según la división se aproximaba. A medida que los hombres iban reconociendo los despojos, un rumor de voces se alzaba sobre el pan sin recoger, sobre olivos sin madurar, bajo el calor que parecía a punto de fundir víctimas y soldados cerca del pelotón de enterradores.

Al cabo, concluida la faena, nos espantaron lejos, pero la voz corría y pronto la tropa entera fue un clamor exigiendo represalias. También mi amigo las pedía, pero yo respondí que olvidaba el saqueo y las muertes de Córdoba.

—Aquello fue un error —reconoció— pero no justifica estos desmanes.

—Lo mismo digo —sentenció sombrío el cojo—. Esperemos que no asalten los carros también.

El amigo dudó un instante, lanzando una mirada al convoy detenido.

—Sólo llevan enfermos y familias.

—Pues por el peso —replicó el otro— se diría que

traemos la del mismo Abraham que según dicen puso en el mundo más de cien hijos vivos.

Calló el amigo, rumiando las razones del otro y en todo el viaje de vuelta apenas abrió boca.

Vino un tiempo de espera, un mes tan largo como día sin pan, entre falsas alarmas y avisos apurados, sazonado de nuevas escaramuzas. Nadie sabía a ciencia cierta dónde se hallaba aquel ejército del que todos hablaban, ni si los españoles habían conseguido ponerlo en pie siquiera.

Como bandada de gorriones recorríamos los campos disputándonos aquello que los soldados desdeñaban. La botija del sargento aparecía olvidada y seca, y un agua turbia, espesa, amargaba nuestras perdidas horas al amparo de las tablas. El sol hacía arder los toldos, madurar los sentidos, soñar socorros que al punto se borraban en el horizonte. Sólo los oficiales, encerrados en sus barracones con sus muebles de Córdoba y la despensa a punto, parecían, de noche, ajenos a la guerra. Al apagarse el día, sus puertas y ventanas se iluminaban todas, confiando en los propios centinelas.

Yo intentando engañar el hambre, a veces me acercaba a ellas acechando sus voces, los vivos murmullos y hasta danzas desconocidas para mí. Todo allí parecía tan ajeno y distinto de los cerros cubiertos de rastrojos, de las encinas y sus frutos terribles que yo me preguntaba si aquel vaivén de uniformes en torno a una gavilla de mujeres, coimas o esposas no vendría a ser remedo del Paraíso aquí, en la tierra.

Blancas, pulidas, como salidas de un reciente baño, con el vestido recogido, abierto desde el cuello a la cintura, ceñido en ocasiones por un lazo, daban vueltas en brazos de sus acompañantes bajo la luz vacilante de las lámparas. Aquello sí era vida en verdad, lejos de marchas, guardias y emboscadas, bien distinta a la nuestra siempre a la espera de acabar en una de aquellas fosas cavadas en las afueras cada noche.

Vida y muerte, miserias y tristezas, por allí andaban de la mano. En la ribera opuesta, apenas escondido el sol, las patrullas cambiaban entre sí alertas y disparos. Una de aquellas madrugadas, mientras la música animaba las sombras tras de las ventanas, vi venir hacia mí un oficial de aquellos que el amigo tanto admiraba. Ya me veía acusado de espía o desertor, muerto, colgado, pero el dragón ni siquiera echó mano al sable. Por el contrario fui yo quien la tendió temblando.

—Una limosna, sir. Un pedazo de pan para un siervo del Emperador.

Se me quedó mirando; vaciló sobre la punta de sus pulidas botas y tendiendo una botella que consigo traía, en mal cristiano me ordenó brindar con él.

Tal hice y así, trago tras trago, dimos fin a aquel vino color sangre que como un fuego arrasaba la garganta. No sé si él fue la causa principal o aquel maldito pan que mi coima amasaba pero antes de media hora, un terrible apretón me devoraba las entrañas. Vino y pan se perseguían dentro de mí con alboroto, buscando su salida natural fuera de cuerpo tan hostil como el mío. Me alejé de la fiesta apresurándome a enfilar el río donde ya estaba a punto de salir del trance cuando sentí unos pasos, eco de los míos, aunque más quedos y un tanto vacilantes. Miré en torno asustado; me decidí a tirar el calzón, pero antes de cumplir el trámite, apareció una sombra entre los árboles. Yo intenté desviarme mas ella hizo presa por detrás de mí con tal ímpetu y saña que fuimos a dar ambos en el medio del cauce donde a la postre quedamos separados. Según me revolvía, descubrí a mi sargento luchando por mantenerse a flote, reconocí las cicatrices de su cara, su pecho carcomido, sus ojos vacilantes. Ahora, después del baño, menguada su pasión, parecía un viejo buey castrón, todo hueso y pellejos, lamiéndose las heridas en el agua. Me miró con aquellas pupilas que nunca supe si dormían o velaban y yo, mal dispuesto a permitirle repetir la aventura, le grité:

—¡Vuelve a tu carro, bujarrón! ¡Vete al Infierno, que allí ha de haber bastantes como tú!

Se detuvo sin querer entender, aunque mi voz bien claro lo decía y por si le restaba alguna duda, una vez mis calzones en su sitio, tomé un canto del río y le alcancé en el lomo con tal destreza y maña que a punto estuve de llegar a derribarlo. Así entre voces y amenazas, el día nos alcanzó y con el sol apuntando, un rumor de cañones que rompía el silencio del alba.

Oyéndolos huyó el bujarrón, quedó el campo por mío, sin saber a dónde dirigirme, si unirme a aquella tropa que amenazaba desde la otra orilla o volver hasta el carro donde, a buen seguro, mi enemigo me estaría esperando.

Ahora entendía sus salidas de noche, no en busca de licor sino de otros muchachos tan desvalidos como yo, dispuestos a venderse como tantos por un puñado de harina o una ración de arroz. Entendía también aquel cerrar los ojos a la noche en tanto yo y la coima cabalgábamos, aquel mirar estremecido cada vez que me rozaba bajo el carro.

Allá en la Cuna donde me crié muchos hablaban de pecados nefandos. Algunos practicaban diversas artes de ellos y antes que ningún otro, el vicio solitario. El dómine nos prevenía a menudo y andaba tras nosotros con el látigo a mano. No había pareja al sol que fuera de su agrado y sin embargo, de dos o tres cuadrillas se decía que, en llegando la noche, allá en los dormitorios, no había vicio grave o leve que de su parte no recibiera cumplido trato. Yo nunca estuve en ellos, ni hubieran vuelto a mi memoria a no ser por aquella aventura que me dejó con una ración menos y un enemigo más, cara a aquel viaje que, día tras día, se adivinaba cada vez más largo.

VII

Al fin llegó la tropa que tanto esperábamos para olvidar definitivamente aquel ciego verdugo de lo alto, aquel polvo que todo lo anegaba, aquel río escaso y mal oliente. Pero poco duró nuestra alegría, pues aquellos refuerzos que tantas esperanzas despertaron apenas se detuvieron una noche, siguiendo luego el camino del Norte. Malas debieron ser las noticias que traían, pues aunque todos: paisanos y soldados, pedíamos al cielo alcanzar la costa, el general pareció olvidar su bastón de mariscal, ordenando nueva retirada, esta vez hasta la villa de Bailén.

La división, convertida en caravana, se alejó aún más del mar, frenado su paso por el botín y los heridos que se negaban a quedar abandonados. Durante largo rato escuchamos sus gritos; conociendo su suerte, algunos intentaban alcanzar los furgones; fue preciso apearlos a golpes. Víctimas y guardianes lloraban abrazados; luego vino un silencio temeroso y nada más supimos de ellos salvo algún eco repetido de disparos en el lejano cauce de juncos y mimbrales.

Ahora todos nos preguntábamos cuántas semanas pasarían antes que el general resolviera sus dudas; si plantaría cara al enemigo o seguiríamos camino de Madrid. Quizá determinara volver a tan ilustre babilonia, babel famosa según el dómine nos predicaba allá en la santa Casa. En ella, gala y asiento de los poderosos, nunca faltaba el pan para los pobres. Así, animado por mis cavilaciones, no me importó aquella nueva retirada, a pie en esta ocasión por culpa de mi sargento bujarrón, envuelto en las nubes de polvo que alzaban los carros. Era una noche cálida, mal presagio de otro día de fuego, en la que tandas de disparos rompían ya anunciando los primeros choques con los paisanos españoles.

Yo dudaba como siempre entre ambos bandos; no comprendía bien qué cosa era mi patria, si aquella casa de cunero, donde crecí entre pescozones, su negra sopa, el jergón desmedrado o aquellos campos mal segados, ahora colmados de uniformes y carros.

También me preguntaba cuál sería la patria de aquellos suizos dispuestos a luchar por quien les diera mejor paga, de los polacos, germanos y franceses venidos de tan lejos, siempre marchando, luchando eternamente. Tal vez para ellos fuera la patria tan sólo una carrera a cara o cruz bajo la sombra brillante de las armas.

Otro quería ser yo: solo, próspero y libre, si la fortuna me ayudaba. Después de todo, si mis padres no tuvieron a bien mirar por mí, no había razón que me obligara para con los demás, por mucho que predicara el dómine.

Así trataba de acallar mis dudas, cada vez que una nueva descarga frenaba más si cabe a los furgones.

De pronto vi cruzar a lo largo del convoy a nuestro general rodeado de su estado mayor. Un vendaval de clarinazos se alzó hasta el sol, abriendo paso a una columna de macizos morriones agazapados tras de sus bayonetas. Desde los cerros que los flanqueaban, una grey de civiles atentos a su maniobra vimos cómo ganaban la vecina ladera hasta quedar clavados en lo alto.

Entonces los dragones abandonaron el amparo de los árboles y a galope tendido, partieron en su ayuda, sable en alto. Relucían al aire sus cascos y petos como un viento brillante. Remontaron el cerro hasta la cima, mas como los de a pie, fueron a darse contra un doble muro, no de penachos y morriones, sino de rojos pañuelos coronando cabezas de españoles. Un bosque de garrochas apuntó hacia ellos y en un instante franceses y paisanos se batían con ímpetu hasta que el sol y el polvo forzaron una breve tregua rota tan solo por el tronar de los cañones.

—El general espera refuerzos de Toledo —murmuró tras de mí una voz en el cerro.

—No llegarán a tiempo —le respondió un susurro en español. Dos de aquellos viajeros que acompañaban al convoy se alzaban sobre las puntas de los pies, tratando de averiguar, como nosotros, de qué lado la fortuna estaba. Uno vestía levita gris; el otro oscura casaca manchada de sudor y barro.

—Si esos socorros llegan —repitió el de gris—, alcanzaremos Cádiz. La provincia entera puede darse por nuestra. Si se demoran, Dios se apiade de nosotros.

—En sus manos estamos —respondió el compañero—, después de lo de Córdoba. Con el país alzado, ninguno de nosotros saldrá vivo de aquí.

Ahora el calor apenas se sufría; el aliento abrasaba las gargantas, en tanto un nuevo batallón de marinos, desde la retaguardia, se preparaba para el segundo asalto.

—Ahí va nuestra esperanza —murmuró el de gris y mientras su compadre asentía, el general arengaba a la tropa con un «*Vive l'Empereur*» solemne y decidido.

Pero los de la Guardia más parecían buscar cómo cubrirse de los fuegos cruzados que acordarse de señor tan lejano. Le fue preciso al mando ocupar la cabeza en traje de gala para hacerles calar las bayonetas. Como recién fundidos, vimos volverse rojos los cañones y adivinando que nuestra fortuna iba al compás de su fuego graneado, enmudecimos todos. Mas la fortuna esta vez, cansada de repartir entre ambos bandos sus favores, se inclinó del lado de los españoles. Los bisoños de a pie, los veteranos de la Guardia, comenzaron a vacilar como sus compañeros anteriores hasta barrer el polvo en desbandada.

Vi ensombrecerse el rostro de los dos compadres.

—Si la Guardia se vuelve atrás —murmuró el de gris—, arrastrará a todo el ejército consigo. Ya no se trata de salvar la vida; en sus manos está el destino del país, su porvenir; serán precisos muchos años y muchas vidas más antes de que los españoles formen al lado de las demás naciones.

—La Guardia no cederá. Está en juego su nombre.

Sin embargo aquellos veteranos en los que confiaba el mismo Emperador, comenzaban a arrojar las armas. Los refuerzos del Norte sólo llegaron a la tarde con la suerte decidida del todo. Cuando al caer el sol, dejamos la colina, nunca vi el campo tan sombrío, tal remolino de caballos heridos coceando estertores. Unas cuantas hogueras encendidas para buscar heridos y despojos añadían más bochorno a la noche, en tanto los lamentos, bajo tantas banderas rotas, cubrían los senderos a la sombra de inmóviles armones. Rostros atónitos miraban al cielo con la señal del plomo entre los ojos, rojos girones de uniformes mostraban al aire pechos hendidos por golpes formidables.

Todos juntos, franceses y españoles parecían hermanos ahora: oficiales de la Guardia Imperial, oscuros campesinos, infantes macilentos como niños. Allí se unían sobre la madre tierra que pronto habría de amparar sus cuerpos.

Los vivos callaban. Sólo los artilleros luchaban por ajustar sus piezas, ajenos a los que, sin respeto alguno, robaban botas, cintos y medallas, volviendo al aire macutos rotos y rasgados bolsillos. No había riesgo de patrullas, tan destrozadas y molidas aparecían todas, y buscando mi parte en aquella cosecha, pronto tuve algo de ropa y botas nuevas. Más que robar no hacía sino tomar prestado lo que a otros ya nunca habría de servir, tal como acostumbraban los soldados. Estaba a punto de hacerme con un par de medallas cuando una mano vino a posarse sobre mi hombro. Temí que fuera la de algún oficial, mas la voz de la coima vino a tranquilizarme.

—Ya imaginaba yo que no andarías lejos. Pronto aprendes.

—Buena maestra tuve —respondí.

—Bien puedes afirmarlo, amigo.

Y sin darme ocasión de contestar, de un tirón arrebató el calzón a mi cadáver.

—A otro le servirá. ¿Qué haces tan quieto, mirando ahí? Mejor me ayudas a llevar el equipaje. Si te encuentra un oficial rondando, puedes darte por muerto. Toma y vamos.

No tuve otro remedio que aceptar su fardo y, ya más aliviada, volvió a la carga preguntando:

—¿Dónde paras ahora?

—Donde amanece el día.

—Digo a la noche, ¿qué haces?

—De noche, como todos: tratando de dormir. Tengo los pies en viva carne.

—Pues si piensas seguir así, has de saber que nos queda otro tanto.

—Ya me lo imaginaba, pero ¿a dónde?

—A donde sea, que eso nadie lo sabe. Depende de las capitulaciones, mas de una cosa estoy segura: no sé si para bien o para mal la guerra se acabó para nosotros. No lo olvides, galán.

Pero no para todos. Cerca del río, lejos de los que andaban al avío, descubrí al hombre de gris y su compadre. Todavía llevaba sobre los hombros su levita a pesar del bochorno de la noche.

—Ese maldito general —decía, debió seguir, antes que retirarse.

—Eso se ve claro ahora —replicaba el amigo— pero ¿qué hubiera conseguido? Sacrificar la tropa para nada.

—Llevaba suficiente.

—Poca y mal preparada, dejando a un lado los marinos y la Guardia. Ahora por todas partes nacen voluntarios; el enemigo tiene parque y víveres; aquí se hacen las armas de todo el país y no han de faltar manos para usarlas.

El de gris, considerando las razones del otro, sacudió la cabeza con desánimo; paseó la mirada sobre los negros terraplenes y murmuró en queda voz:

—Ahora vendrán las deserciones. ¡Adiós cambio y reforma!

—Otras batallas ganaremos. Una guerra no se pierde ni se gana en un día y, en el caso peor, alguna forma habrá de seguir adelante sin el Emperador.

—No veo de qué modo. Sin su ejército nunca conseguiremos nada. No ha mandado sus tropas para ganar un trono, sino en nuestra ayuda. Tal asegura al menos.

—No lo veo así yo. Sus soldados desmienten las promesas que él hace.

—¿Cómo ha de ser cuando se les combate?

—Ellos nos invadieron. ¿Qué esperaban?

—Tanto da. También nos combatió Inglaterra. Ahora, porque le conviene, nos ayuda.

—Razón de más para estar a la contra.

—Razón también para aliarnos con Francia. De todos modos —concluyó el de gris—, esta derrota del Emperador servirá al menos para distinguir los que están a su lado por el bien del país y los que se apuntaron por medros personales.

Los dos ya se alejaban. A poco sus palabras se perdían, mientras llegaba en cambio la voz de la coima:

—¿Qué haces plantado ahí? ¿Piensas velar toda la noche?

Me volví y gané el carro. Junto al río, nuevas sombras rapaces se afanaban sobre los cadáveres.

VIII

En lo que se refiere a noticias de España, sólo sabemos lo que nos cuentan los franceses. Es difícil creer lo que nos dicen, mas nos han hecho prestar juramento al nuevo rey. Algunos aceptaron pero la mayoría se negó. Corre la voz de que, por fin, vendrán a repatriarnos los ingleses. También se habla de volver a España pues, día tras día, se va haciendo más profunda la brecha que nos separa del resto de las tropas. Ha habido incluso intentos de revuelta. En adelante y si el momento llega, será difícil decidir, sin que el honor padezca, entre servir al nuevo rey José o defender nuestra amada independencia...

El amigo calló y doblando la carta, la escondió como acostumbraba entre el pellejo y la camisa. El cojo apenas le prestó atención mas para mí no pasaron en vano sus palabras. En ellas se entendía que también para el padre era difícil escoger, donde quiera que se hallara. Si para un hombre de armas, curtido en la milicia, era tan duro decidirse más lo había de ser para mí, nuevo en los avatares de la guerra.

—Y vosotros —preguntó el cojo—, ¿qué haréis ahora?

—Seguir donde nos lleven —respondí.

—Por lo que a mí me toca —añadió el compadre—. Tanto me dan victorias que derrotas. Ni pierdo ni gano.

—El general decidirá por todos —medió el amigo—, si volver a Madrid o seguir marcha hasta embarcar.

—¿Embarcar? ¿Para dónde?

—Para Francia.

El amigo lo dijo tan convencido y natural que el cojo se incorporó de un salto.

—¿Es cierto eso que dices?

—Y aún más: parece que permiten a la tropa conservar las armas.

—¿Por qué tal cortesía?

—No querrán desatar las iras del Emperador.

—No será tanto el miedo —repuso el secretario lanzando una mirada en torno—. Más le ha de molestar saber cómo quedaron sus águilas. Ahí las tienes sumisas y por tierra.

—No tan sumisas. La mayoría no acepta de buen grado esta tregua. Aún quieren pelear.

—Rara cosa sería conseguir ahora lo que antes con más bríos no lograron, y bien necios los españoles consintiendo sin antes fusilar unos cuantos.

—Son casi todos gente de leva y mercenarios.

—Son voluntarios —medié yo—, parecidos a los del otro bando. Unos con otros hacen tablas.

—Han sido la sed y el hambre quienes los derrotaron.

—El sol, amigo, es el mismo para todos —concluyó el cojo— aunque, a decir verdad, esos morriones y tan pesados redingotes poco ayudan a parar sus rayos y a la hora de correr, tanto estorba la sed como pisarse los faldones.

—Todo eso poco importa. La verdad es que los españoles están acostumbrados a vivir con un trozo de pan y un sorbo de agua. No sienten ni el calor, ni el frío.

—Ésas son virtudes de soldado.

Calló el amigo ofendido de nuevo; luego como quien saborea de antemano una pronta venganza, amenazó:

—El Emperador vendrá a poner orden en España. Entonces se sabrá quién pierde o gana.

—¡No lo quiera el Señor! —murmuré para mí.

Ojalá no viniera. Ojalá aquella ira de que el amigo hablaba, no lo empujara a nueva guerra y más duras represalias.

Ya me veía camino de Francia en uno de aquellos barcos que el dómine nos enseñaba en sus libros de estampas. Grandes, solemnes como imponentes catedrales, adornados de alegres banderolas, surcaban océanos bajo cielos benignos o recios huracanes.

De todos modos, aquella Francia o la Corte tanto daban con tal de que las dudas acabaran.

Ahora las noches, otra vez en el carro, corrían más aprisa. El sargento dormía o fingía dormir, en tanto yo velaba precavido. La coima me dejaba en paz, presa de sus preocupaciones, de modo que sólo interrumpía mi vela la llegada imprevista del cojo siempre en busca de nuevas mercancías. Era quien encontraba mejores tesoros: cintas, morralla, manchados galones. Todo se lo probaba antes de decidir si guardarlo o venderlo. A la luz de la luna, con su uniforme roto golpeando los talones, revolviendo con su cayado el cieno del río, parecía algún alma escapada del limbo.

—¿De qué país eres tú? —le pregunté una noche.

—Del mundo —me respondió, encendiendo los ojos.

—¿Y para dónde vas?

—Voy como tú, donde mis pies me lleven.

Como yo andaba huido, desgajado de sus padres aunque él los conocía al menos, amén de siete hermanos. Tampoco le gustaba la carrera de las armas, sino otra bien distinta en la que riesgo y manos hacían ganar también memorables batallas.

Pronto nos demostró su ciencia. Yo traje una frazada de la coima que tiré en el suelo, mi amigo una candela y él un mazo de naipes sobados, requisado en alguna taberna. Los descargó sobre la manta y ordenó al amigo:

—Toma uno y corta. Va por las siete y media.

—Amén —le respondí.

—Antes será preciso que apostemos algo.

—Sea como tú dices, compañero. No quedemos por pobres.

Cada cual preparó su montón; quedó la mesa enriquecida en un cerro mediado de monedas; luego nos repartió las cartas tan suaves y medidas como un buen general que enviara sus tropas a esquilmarnos. Tras servirse a sí mismo, anunció:

—Robo yo ahora.

Y bien dijo pues, antes de una hora, tenía en su zurrón, sonoro y rebosante, todo nuestro tesoro.

—Ahora, con vuestra venia, me retiro —volvió a anunciar alzándose.

—¡La venia de tu madre! —saltó presto el amigo—. Tú no sales de aquí sin darnos la revancha.

—Sea —concedió el otro, barajando tranquilo.

De nuevo los naipes volaron y otra vez nos dejó sin ochavo sobre la frazada. En mala hora se trajo la herramienta porque el amigo iracundo, afirmando no recordar jamás caso igual entre hombres de bien, se avalanzó sobre su antiguo secretario con tal ira que ambos fueron a dar con sus huesos en tierra.

—¡Yo te voy a enseñar, cojo tramposo! ¡Tus mañas sólo engañan a los necios!

—¡Necio es quien juega sin saber perder!

—¡Devuelve, condenado, lo que nos apañaste!

—¡Por el copón que gané limpio!

Se armó gran zarabanda, pero otra más alta y fuerte vino a borrarla, nacida de los carros.

Ahora se conocían, punto por punto, las capitulaciones. Tiendas y barracones se encendían con la nueva de que, a partir de entonces, éramos todos prisioneros. Era preciso entregar las armas que se devolverían en los barcos, camino de Francia. Así el ejército saldría de Bailén honrado, no humillado, bajo la vigilancia de los españoles. Los jefes y oficiales podían conservar sus equipajes salvo en el caso de que se sospechara llevar consigo botín de plata, oro o vasos sagrados.

—¡Qué buena bula es ésa! —exclamó el cojo olvidando pasados avatares—. El general no hará el viaje de vuelta en balde. Duelos con pan son menos y así le ayudan a olvidar su derrota.

Cuando cansados de acudir a unos y otros, en busca de noticias, nos rindió el alba, vi al amigo llorar.

—¿A qué viene ese llanto? —pregunté—. ¿Tanto te duele acabar esta aventura? Levanta ese ánimo; dentro de un mes estamos licenciados y en esa Francia tuya o en Madrid.

—Yo prefiero la Corte —medió el cojo—. En ella al menos, hablan en cristiano.

El amigo no respondió. Era como si las tornas se hubieran vuelto del revés, con el antiguo sacristán convertido en párroco y el amo en monaguillo. Al rato, tanto le apretamos que, secándose de golpe las lágrimas, replicó en su tono de siempre, orgulloso y lejano:

—¡Por Dios y por el mismo Emperador, que es de sordos o ciegos no querer ver lo que a la vista está! Esto es una derrota en toda regla.

Los dos le miramos sorprendidos.

—¿Qué esperabas?

—Una paz más honrosa.

—¿Y quedarnos aquí hasta el día del Juicio? Con armas o sin armas mejor obedecer. Además, tienen razón los españoles. ¿Por qué habrían de mostrarse generosos?

—En lo tocante a mí —añadió el cojo, tentando bajo la camisa su corazón de naipes—, si me piden las mías, de buen grado las doy. Antes de una semana he de hallar otras más nuevas y mejores.

—¿Y el honor? ¿Dónde está para vosotros?

Ambos a dos le miramos sorprendidos. Quisiera o no, la suerte estaba decidida. Era preciso saberse gobernar con tiento para seguir viviendo antes de ir a parar con honor bajo aquel campo seco y ceniciento.

Rayando el día, los tres nos separamos, camino cada cual de su furgón entre soldados que ciegamente discutían. Los españoles prometían escolta mas las mujeres temerosas, se negaban a abandonar lo que hasta entonces fue para ellas, salón, despensa y cama. Algunos oficiales se decían dispuestos a luchar de nuevo en otras divisiones que, más al Norte, guardaban el camino de Madrid, otros negaban todo valor a aquella rendición firmada por un mal general solo pendiente de salvar su presa. Cada cual ordenaba, ninguno obedecía, nadie pensaba sino en salir de allí; unos para volver a empuñar las armas, otros para ganar aquella Francia feliz como la tierra prometida.

Cuando volví a mi carro me topé con mi coima y su sargento afanándose en echar a tierra un buen montón de sacos y cacharros. Sin darme tiempo a preguntar, ordenó:

—Ven y apura que es tarde. Ya nos vamos.

—¿Dónde nos llevan?

—El tiempo lo dirá, pero cualquier lugar del mundo donde nos destierren será mejor que este rincón del purgatorio.

Y en tanto así decía, el coime le ayudaba con sus fuerzas menguadas amontonando frazadas rotas y negras cacerolas. Pronto un buen cerro de ellas se alzó ante nuestros pies como un negro tesoro que la mujer acomodó en tres fardos inmensos y pesados.

—A ti te toca éste —me señaló el mayor.

El sargento cargó con el segundo resoplando y ella misma tomó el restante en un volteo que para sí hubiera querido el soldado más veterano.

—¿Y el carro? —pregunté viéndole vacío junto al rocín sacrificado.

—El carro queda aquí —por vez primera vi en sus ojos un desaliento vago—. Sólo pueden seguir los de los mandos.

IX

La guerra como la muerte de la que viene a ser, tal como dije, hermana y compañera, iguala a todos, ricos y pobres, soldados y muchachos. Las mujeres de los oficiales han dejado sus coches también y con los hijos en brazos, lloran en el desfile ante los españoles. De nada sirve el consuelo de los hombres que ahora entregan las armas ante una junta sorprendida aún. Los jefes conservan sus espadas, mas bien se ve que, honor aparte, de poco habrían de valer contra la sed y el hambre. El viaje ha sido breve. Sólo dos leguas más allá de Bailén donde hubo pan y salazón para la infantería y una paga de media peseta.

—Las cosas pintan oros todavía —murmura mi coima, royendo su pescado—. Veremos si mañana salen bastos. Según parece viajaremos de noche.

—¿Por qué de noche?

Mira en torno, antes de responder.

—Primero por el sol.

—Ésa es buena razón.

—Y también para evitar que nos degüellen.

—¿No llevamos escolta?

Lanza lejos de sí su espina limpia ya del todo y chupándose las uñas, responde a media voz:

—Con escolta o sin ella, no te quedes atrás, que por la confianza entró la peste.

No me confío. Al contrario, recuerdo los enfermos que tras de mí quedaron, el llanto sordo de los demás heridos adivinando parecida suerte.

Aunque la noche oculta nuestro paso, de poco sirve cuando nos acercamos a villas y ciudades. Es preciso cerrar filas, aún a riesgo de estorbarnos, seguir ciegos y sordos y olvidar los insultos con que nos acometen los paisanos. Yo procuro pensar que nada va conmigo ya que soy español, ajeno a la guerra, mas cada vez que un aluvión de piedras cae sobre nosotros, viendo aquel odio asomando a los ojos, prendido a tantas lenguas, ganas me dan de huir, lejos de todos.

Muchos son los pecados de la tropa: los muertos al sol, y el hedor de su carne. Aquel «ojo por ojo, diente por diente» que nos leían en la capilla va con nosotros desde la noche al alba cada vez que una aldea nace en el horizonte.

Ahora los mandos prevenidos desvían las columnas cada vez que aparecc un campanario, la mancha blanca de una torre, un manantial, un vado, cualquier hato de luces capaz de convertirse en pueblo, bajo la luz mezquina de la luna. Mas aún así no es fácil engañar a los que esperan.

Son inútiles los esfuerzos de la escolta, pues una vez rechazados los mayores, niños de toda edad, muchachos como yo, llegan hasta nosotros desafiando las armas, animados por la furia de los dómines.

Es una marcha sombría y temerosa, paso a paso, entre la oscuridad y el polvo, siempre temiendo quedarse rezagado. El sueño y la fatiga van rindiendo hasta a los veteranos. Mi sargento ya sin fuerzas para nocturnas excursiones, camina a tientas apoyado en su coima que ahora, a la postre, redobla sus cuidados.

—Toma el cesto —me ordena a veces— a ver si encuentras algo.

—No se qué he de encontrar donde otros ya arrasaron.

—Un cantero de pan, unas sobras de rancho.

—Pan no queda, y en cuanto a lo del rancho, mejor se lo darán a su compadre.

—Ése no aguanta hoy ni un paso más.

Es verdad. Ante los dos está; patiabierto, dormido, tendido a medias, barbudo y flaco. Antes de obedecer, de convertirme una vez más en su criado, le digo para mí: «Ahí te quedas, castrón, así te sirva de veneno. Poco te queda de afanar muchachos como no sea que en el otro mundo te vengan a esperar los querubines. Ese país que esperas ya no lo alcanzarás, despídete de sus bosques, de tanto prado verde y ese rumor solemne de sus ríos que pregonáis tu coima y tú mientras vigilo, calculando cómo podré valerme si a alguno de los dos os pide el cuerpo fiesta a la noche.»

—¡A ver qué encuentras hoy!

La voz de mi benefactora viene a sacarme de mis cavilaciones y con la cesta al brazo me alejo dispuesto a no volverme de vacío.

Pero ¿qué he de encontrar? Sólo algún retén de intendencia, dispuesto a calentar las sobras de la cena pasada. Me acerco a él, pero a la postre siempre me rechazan. Nadie da nada a nadie. Quien algo tiene lo guarda para sí, temeroso de más duras jornadas. Muy lejos veo mis viejas ilusiones, pero la vida apunta a donde menos calculamos y heme aquí convertido en maestro de lenguas, doctor en aquella que antes no entendía, a fuerza de pedir y rebajarme.

A veces en mi peregrinar me topo con mi amigo, como siempre de charla con los mandos. Ahora sus ojos pintan esperanza bien distinta por cierto de la mía.

—Mi suerte va a cambiar —me dice.

—Enhorabuena y que sea para bien.

—Pronto veré a mi padre.

—Desde Adán para acá, todos lo conocimos según dicen.

—Quiero decir que pronto iré a encontrarme con él.

Oyéndole comparo con su suerte la mía. El que busca ha de ser uno de esos dragones de espuelas como rayos, siempre dispuestos a saltar a caballo en pos del enemigo. A buen seguro que a su lado, pronto se borrarán viejos recuerdos y pasados desmayos, su cojo protegido y yo, el uno con su pierna a rastras, el otro con la cabeza sembrada de quimeras. De vuelta, la coima impaciente me ha revisado el cesto y viéndole vacío exclama:

—¡La justicia de Dios caiga sobre esas manos pecadoras! ¿Qué comeremos hoy?

—Sosiéguese señora; por un día de ayuno no ha de venirse abajo el firmamento.

—¿Burlas encima? ¡Ven acá, miserable! Yo te voy a enseñar cómo se gana el pan de cada día.

Alza el puño en el aire; con las carnes tan negras y revueltas parece aborto del infierno, venido desde allí para sacrificarme. Me hago a un lado y a la vez que la empujo, la amenazo:

—Por cierto que no me tocará esta vez. Harto estoy de servirla.

La coima llora y el sargento calla; uno con otro se consuelan, el bujarrón con su silencio cómplice, la amiga con su aluvión de lágrimas.

—¡Desdichada de mí; a mi edad sufrir tales agravios! ¡Yo que te di la vida, verme tratada de este modo ahora!

—En esta vida cada cual recoge lo que siembra y, en lo tocante a recibir —añado—, ya me sorbió los tuétanos a cambio.

—Calla, patán, ingrato. ¿Quién hizo de ti un hombre?

—Mejor dijera garañón.

De pronto se viene abajo como un saco; busca alivio en el regazo del coime y se ciega los ojos con los puños, gimiendo y sollozando.

—¡Triste destino el mío —murmura—, criar para tal fin esta alimaña!

Mas alimaña o no, es el caso que los dos han aprendido a respetarme. Se acabó el mendigar para vientres ajenos; soy mi nuevo patrón, señor de mis deseos y de mis devociones. No dependo de nada ni de nadie; quedaron para mí los largos días y las duras noches.

X

Ahora que trabajaba para mí, la fortuna se me volvió de cara sobre todo desde nuestra arribada a una nueva ciudad en la que decidieron reunirnos. Tomaron como campamento una partida de viejos caserones y allí dormimos mal y comimos peor, siempre a la vista de los centinelas. Palacios y conventos quedaban como a una legua de posta que recorrían cada mañana una partida de comisarios en busca de monedas y fardos.

Yo poco poseía con que tentar sus ansias, pero los que guardaban todavía algún anillo o cruz, algún resto de paga, pronto quedaron postrados y desnudos, sin otro medio de ganarse la vida que el ingenio o la fuerza de sus manos.

Con mi oficio, más me tiraba lo primero y así, temprano, cada día, dejaba el campamento y de portal en portal, acababa en el atrio de la iglesia mayor, en la cola de los menesterosos, esperando la salida de los ricos. Ante mí desfilaban altivos, graves, perdida la mirada, huyendo de la mía, agobiados por tantas manos de otros como yo, dando el brazo a sus mujeres más caritativas. Éstas también dejaban su limosna sin mirarnos como sus padres o maridos; otras, en cambio, sentían al menos compasión sobre todo ante el corro de soldados.

Así fue como una de ellas, reconociendo mi camisa, me llamó aparte a la salida.

—¿De qué regimiento vienes? —me preguntó mirando los botones.

—De todos y ninguno —respondí brevemente.

—¿Cómo puede ser eso?

—Señora, hábito no hace monje. Esta camisa me la dio un oficial.

Llevó la mano diestra al corazón y respondió suspirando:

—No soy señora, que no llegué a casarme.

—Perdone pues mi yerro entonces. No creí que otros dejaran de apreciar lo que a la vista está. En lo tocante a regimiento, mucho me temo no conozca el mío.

—¿Cuál es su nombre?

—Pertenecí a intendencia.

La mujer sonrió, ahuecando la punta del velo que apenas le cubría el rostro.

—No tienes de qué avergonzarte. Otros más jóvenes que tú sirven en cuerpos más humildes mejor que los mayores.

—Hubiera deseado mostrar mi valor en más altos empeños, mas por mi poca edad fui rechazado. Desde que me alisté no hago sino amasar el pan.

Otra vez suspiró la señora.

—Así la guerra barre destino y vocaciones. La misma vida nunca corrió riesgos peores y eso que, a fin de cuentas, las mujeres poco podemos perder en ella, salvo seres queridos.

—Es justo que así sea. Morir o padecer siempre fue cosa de varones.

—También nosotras ayudamos. Cada día ponemos nuestro grano de arena.

—¡Santa tarea!

—No lo dudes, pero no tan asidua como yo quisiera. El resto del día, después del hospital, pasa muy lento y largo.

Guardé silencio y como no hicieron ademán de despedirme, seguí a su lado convertido en mudo lacayo. Me llamó mucho la atención que asistiera sola a la misa. Las otras siempre venían en racimo con marido o sirvienta tan aderezadas como en día de fiesta.

Llegamos ante el portal donde vivía, bien poblado de escudos y macetas. Quedó un instante meditando y al fin me preguntó:

—¿Tú sabes de jardines?

A ciegas y decidido como un rayo, respondí:

—Sé podar, abonar, cuidar flores y otros trabajos que no digo por no cansar oídos tan generosos.

—Entonces, ven conmigo.

Y tomándome de la mano, me puso en las de un ama que se encargó de aparejarme como el resto de los criados de la casa.

Cambié la cesta de mi coima por bandeja de plata, cortezas y mendrugos por pan blanco y nunca puse los pies en el jardín, sino a la vera de mi nueva dueña que a él bajaba de noche con sus padres.

Los días de calor eran ya todos y después de la cena, solían venir a refrescarse un clérigo y otros señores principales. En su charla siempre la guerra se hallaba presente.

—Dios quiera que acabe pronto —murmuraba la madre—. No pasa día sin noticias de algún nuevo desastre.

—En mi opinión —respondía el canónigo—. No hizo sino empezar; vendrán tiempos peores.

—¿Peores dice? —señalaba el amo a mi dueña silenciosa—. Ahí tiene a esta hija mía. Prometida y sola cuando debiera ser casada y madre.

—El tiempo ha de poner remedio. El Señor nos sacará adelante.

—Pobre consuelo es ése.

—Pero consuelo al fin. Sobre todo si nuestros sacrificios son para mayor beneficio de la patria.

La hija callaba. Sus ojos, apuntando al suelo, apenas se alzaban salvo para beber un sorbo de dulce limonada.

—Es cierto lo que dice —volvía a mediar la madre—. El mayor que esperamos es vernos libres de esa tropa y sus atrocidades. Sólo en Jaén y Córdoba quemaron más de cien conventos; las iglesias quedaron destrozadas. Algunos aseguran que en el convoy de prisioneros van las cruces y cálices de Andalucía toda.

Los hombres asentían. Cuando el calor cedía, hija y madre iniciaban su habitual retirada, dejándome al cuidado de servir los refrescos. Quedaban solos los maridos bebiendo y fumando grandes cigarros de aroma perfumado. El viento, por su parte, traía un olor a naranjos bien distinto de aquel otro de pólvora y cadáveres mas la guerra se aferraba a la penumbra apenas la conversación se reanudaba.

—¿Se ha decidido la suerte de los prisioneros? —preguntaba de improviso el clérigo.

—Nada se sabe; algunos hablan de dejarles marchar.

—¿Cómo es eso?

—Multiplicar agravios —razonaba el amo— solo arrastra consigo nuevas represalias. El mismo Cristo supo perdonar a sus verdugos en aras de la verdadera caridad.

—¿Qué especie de caridad es ésa —tronó el dómine—, que consiste en invadir un país, avasallar su fe y secuestrar a sus reyes?

—Salieron de Madrid por su voluntad.

—Diga mejor que lo hicieron obligados por esas tropas que ahora se dicen inocentes. ¿Qué justicia reclaman? Han de pagar como los evangelios dicen. Yo no soy hombre de armas pero estoy dispuesto a tomarlas si llegara el caso, con tal de no admitir nuevas humillaciones. Son tan culpables como el mismo Emperador en persona.

Las venas se le hinchaban en el cuello amenazando romperse bajo el de la sotana. Apenas apurado el vaso, un sudor repentino brotaba de cada pliegue de su frente convertida en espesa red de brillantes canales.

En ocasiones algún otro invitado mediaba con más calma.

—Sin embargo se sabe de ciertos eclesiásticos que han abrazado la causa del nuevo rey José y aún la defienden como propia.

—En todo tiempo ha habido judas. Tarde o temprano recibirán lo que merecen.

—¿Y qué me dice de los otros?

—¿Quiénes?

—Los que aceptaron prestar juramento. Los que se hallan dispuestos a colaborar con los franceses.

El dómine hizo un gesto de desdén que parecía apuntar más allá del jardín, a la ciudad dormida.

—Gente de pluma y beneficio que con tal de medrar firmarían con su propia sangre si el diablo en persona viniera a proponérselo. Viven a costa del Estado. ¿Qué más les da uno que otro? Si en veinte días no se incorporan a sus cargos ¡adiós pensión y sinecuras! ¿Qué españoles son ésos? Sólo de nombre. No de corazón.

—El corazón engaña a veces.

—El mío, a buen seguro, no.

—Todas esas medidas —señalaba de nuevo el amo de la casa —no ganarán amigos al Emperador.

—En eso estamos conformes todos. ¿Quién se puede fiar de tirano semejante? Ningún cristiano ha de tomar partido por él.

—No todos son de esa opinión.

Por un instante tan solo se escuchó el rumor de la brisa anunciando el alba. El clérigo volvió los ojos hacia el que en la penumbra daba fe de sí.

Era aquel hombre de la levita gris que, allá en Bailén, seguía atento los movimientos de las tropas. Lo recordaba bien con su compadre al lado, lamentándose de las vacilaciones del general.

—Para muchos el Emperador —proseguía ahora, desafiando las miradas del dómine—, sólo desea defendernos, devolvernos a Europa.

—Defendernos, ¿de quién? Nuestra mejor defensa es quedar al margen de sus ambiciones. ¿Qué se nos da a nosotros de la suerte de Francia? Allá ella y sus podridos intereses, pero si quiere guerra será preciso que venga él a ganarla en persona.

—Amigo mío —volvió la voz con su anterior monotonía—. Sus ejércitos son invencibles por ahora. Bailén no es más que una batalla. Si decide acudir, tendremos que aceptar a su hermano si se quiere evitar una catástrofe.

—Si la hemos de evitar humillándonos, antes prefiero yo colgar los hábitos. Venga la muerte y que el Señor decida por todos nosotros.

—No se trata de morir o matar sino de elegir entre un rey y la anarquía.

—¡No y cien veces no! —se acaloraba el clérigo—. Siempre, en todas las épocas, desde Alejandro a César han repetido los tiranos parecidas razones: «Si aceptas y te entregas —dicen— no sólo salvarás la vida sino que luego tendrás tu parte en el botín. Sírveme y serás como yo. Colabora conmigo.» Son las palabras del demonio cuando quiso expulsar a Adán del Paraíso.

—Son las palabras del sentido común.

—Dirá mejor mentiras como las que a menudo vienen en esas hojas de Madrid, pero ni ellas ni esas ideas prevalecerán. No engañarán a nadie.

—Me parece que tocan a maitines —volvió a mediar el amo—. Dejemos esta cuestión para mañana.

—Tiene razón —respondió el de gris—. Mucho me temo que con tales discusiones tan sólo consigamos tener en vela a las señoras.

Pero mi dueña dormía. No era capaz de interrumpir su sueño aquel lejano alboroto de espadañas. Tan sólo el chocolate le hacía aparecer entre las blancas sábanas. En bandeja pulida y a las once en punto iba camino de su alcoba bien escoltado de crujientes bizcochos que alzaban a su paso un aire perfumado. Muy despacio iban cayendo en el fuego de la taza, en aquel dulce purgatorio para alzarse después hasta su boca. Rematado aquel viaje con el leve paso de la bordada servilleta, quedábamos la criada y yo a la espera de alguno que sobrara. Inútil caridad pues ya en las escaleras nos repartíamos más de uno en silencioso pacto, hasta que cierto día la gula desmedida se revolvió a la postre contra mi compañera. Cayó enferma de fiebres, tuvo que guardar cama y yo debí subir el desayuno al ama.

A partir de entonces fui por turno servidor y secretario; la acompañaba a misa, le servía a la mesa y estaba atento en el jardín por si de pronto me necesitaba.

Con tales apremios solo quedé libre a la noche para saber la suerte de mis antiguos camaradas. Ahora con mi nueva ropa, todos me respetaban dejando vía libre a mis nocturnas excursiones. Incluso el amigo tardó en reconocerme.

—¿Dónde paras que te visten así?

—Donde me dan comida y cama. ¿A ti cómo te va?

¿Encontraste la tuya?

—En ella estoy con algunos amigos. Un día te llevaré; puede que haya buenas noticias para ti si es que quieres aún adelantar en algo.

—De mil amores —respondí—, si es para mejorar, pero si tratas de alistarme, mejor me quedo con mis nuevos amos.

—¿Quién piensa en alistarse ahora? Ven a encontrarme dentro de una semana. Te aseguro que no habrás de arrepentirte.

XI

La casa del amigo no es grande ni espaciosa. Tampoco tiene jardín. Sólo un medroso patio con una fuente muda apuntando a un cielo de toldos malparados.

Hay tal silencio en ella que a no ser por el susurro de los pájaros se tomaría por cueva de cartujos, a punto de aparecer entre los arcos. Así vamos los dos, bajo la luz amarilla de la luna, olvidando el bochorno de fuera, en el paseo donde se duermen los naranjos.

El amigo ha empujado una puerta llevándome hasta un salón algo mejor iluminado. Cuadros oscuros y espejos empañados cubren los muros contra los que aparecen alguna cómoda o silla, tal como en la sacristía de la Cuna y también como en ella, imágenes de Jesús crucificado.

—¿Aquí vives tú?

—Mi cuarto está en el piso de arriba.

De todos modos, me imaginaba un palacio mejor, si no como la casa de mis amos, un poco menos triste que aquellos corredores cargados de pinturas en sus marcos dorados.

—Todos estos que ves, son mi familia —me explica

con orgullo señalándolos—. Hay nada menos que seis generaciones.

Seis o seiscientas, sólo se alcanza a ver, más allá de la humedad y el polvo, algún rostro de un militar ceñudo, sombras perdidas de unos cuantos canónigos.

—Ahora voy a enseñarte lo que deseas conocer.

Y en tanto que yo espero ver abrirse la puerta y encontrarme con algún general o con el mismo padre, el amigo se acerca hasta una de las cómodas y me muestra un papel con su nombre y apellido que sólo alcanzo a descifrar sin entender del todo.

—Es mi salvoconducto. Sólo le falta el sello inglés. Con él puedo salir de España en cuanto me acomode.

—¿Y si los ingleses te lo niegan?

—Mi familia tiene buenos amigos en Cádiz. Antes de un mes es cosa hecha.

—Antes de un mes nos llevarán por mar los españoles.

—Pero yo debo cumplir aquí un negocio importante.

Le devuelvo el pliego cuyo valor es griego para mí, preguntándome en qué nueva aventura se habrá comprometido.

Del fondo de la casa llega un rumor de pasos. Con ellos debe venir la razón de la llamada del amigo, mas a poco, vuelve el silencio al corredor y el papel al cajón cerrado y escondido.

Los dos quedamos en silencio, a la sombra de los cuadros que parecen repetir, uno tras otro, la imagen de sus ojos calculando, dudando. Al fin, tras mucho vacilar, se decide y pregunta:

—¿Tú no querrías otro?

Quedo mirándole sin entender.

—¿Otro salvoconducto? ¿Para qué?

—Serías libre del todo.

—Tu libertad me la conozco. Libertad de morir en

donde se me antoje, de ahogarme o respirar para todo salvo para elegir qué camino tomar.

—¿No quieres arriesgarte?

—¿Qué riesgo es ése?

—Poca cosa.

—No será tan pequeña cuando tanto insistes.

Un gesto de desdén ensombrece sus ojos parecidos a los que desde arriba miran. También a ellos, altivos, poderosos, debo de parecerles un gusano vil.

—Pero algo habrá en el mundo que te tiente —dicen por boca del amigo.

Callo apurado, pero de nuevo insiste:

—No he de negarte que al traerte aquí lo hice tanto por ti como por mí. Ven; acompáñame. Puede que otros consigan más que yo.

Y tomándome del brazo, a lo largo de nuevos corredores, me lleva hasta una breve sala donde un grupo de hombres guarda silencio apenas asomamos.

—Adelante; pasad —murmura el que preside la mesa en tanto que un montón de vivos ojos me examina—. ¿Es éste el amigo en quien tanto confías?

El mío asiente y quien hizo la pregunta se acerca. Por un instante recuerdo el patio de cuneros donde los amos se acercaban a comprarnos.

—Me parece que ya nos conocemos.

—Así es.

Reconozco su levita gris, su voz tan mansa y suave, siempre dispuesta a discutir, a rebatir los envites ardientes del clérigo.

—Según parece, estás dispuesto a ayudarnos.

No sé qué contestar. Su voz capaz de lidiar con el dómine, aparta de mí cualquier prevención como si nos halláramos por allí, sino en el jardín como la noche de antes. Su mirada no juzga como la del amigo, sus ademanes son tranquilos y hasta diría, su respeto grande.

Así ni afirmo ni niego, quedo en silencio esperando como tantas veces que la fortuna decida por mí, en tanto la tertulia se deshace.

—Se trata de un trabajo fácil; tan solo de repartir estos pasquines.

Ha echado la cabeza atrás señalando un rincón repleto de papeles impresos. Posa la mano sobre mi hombro y al tiempo murmura:

—Recibirás aviso a su debido tiempo.

Adivino que la audiencia ha terminado. Me inclino y tomo de uno de los rimeros una de aquellas hojas que huele a tinta fresca y comienza:

«Del rey José I a los españoles»

Las letras más menudas tras las capitulares danzan como en los libros de la casa de expósitos cada vez que el dómine nos repasaba la lección a fuerza de tesón y de palmeta. Es difícil juntarlas y entenderlas y además mi amigo me aparta pronto de ellas, llevándome de vuelta por los pasillos donde sus familiares duermen el sueño de los grandes.

—¿Sabrás hallar el camino de vuelta?

—Creo que sí.

—Ve con cuidado y excúsame si no te acompaño. He de escribir una carta esta noche; el correo de Madrid sale de madrugada.

Será para ese padre perdido, meta y razón del hijo que, ya en el portal, tendiéndome la mano se despide. Fuera, el bochorno de la noche calla y serena el mundo, en tanto busco bajo las estrellas una señal que oriente mi destino. De buena gana volvería sobre mis pasos mas no me atrevo a enfrentarme con el de la levita gris, con su voz mesurada, con su ademán amable. Voy a tientas procurando no tropezar con alguna partida que me encierre lejos del mundo o me embarque para el otro, poniendo fin a mis adversidades.

Cuando llego a la casa, los otros servidores duermen. En mí galopan como en el primer día las mismas dudas, parejas ambiciones. Fuera tocan a vísperas, luego a maitines, y al fin cuando los ojos se me cierran, llega la voz de la criada sacándome a puro grito de la cama.

—¡En pie, gandul; hay que servir a la señora!

Es preciso saltar del catre, buscar a tientas bandeja, taza y jarra y subir hasta la puerta de la alcoba para llamar en ella quedamente.

Nadie contesta, repito el toque y no hallando respuesta, me atrevo a hacer girar el picaporte. Allí está mi señora mal cubierta entre sus sábanas revueltas, a medias escondido el rostro en la melena que de día sujeta con un broche. Son sus hombros como cerros de miel rematados por la garganta suave y espigada, nacidos de un oscuro valle que el escote bordado, al tiempo que retiene, esconde. Viéndola así, esclava de su sueño, nunca sé si volver sobre mis pasos o abrir los balcones a la brillante luz de la mañana.

A pesar de su afecto por mí, dudo si alzar el campo. El tiempo corre; yo permanezco inmóvil con los ojos y el ánimo prendidos en su figura leve que borra el vuelo de la noche para volver de madrugada renacida.

Sólo el cabello, derramado sobre el feliz refugio de la almohada parece distinto, sin aquel velo eterno, libre de horquillas y alfileres. Sin saber cómo, me viene a la memoria el recuerdo del hombre que, desde su retrato, nos acecha mudo. De pronto le temo tanto como a la criada quien a su vez me vigila cada día. Como aquel que sabiéndose de más, decide retirarse, coloco la bandeja sobre la mesilla y, midiendo el aliento y el rumor de mis pasos, me retiro camino de la puerta.

La voz velada del ama me detiene.

—¿Qué hora es?

—Ya pasaron las once.

—Descorre las cortinas.

—Hace calor, señora.

—No importa; deja que el cuarto se ventile. Luego las cierras otra vez.

Obedezco. Según abro los balcones a la luz, va cobrando su habitual compostura. Celados quedan los cerros de miel, los suaves cauces de vello dorado, las dulces sombras pobladas de lunares.

De toda aquella estampa viva, nacida de la noche, sólo me resta el rostro, sus ojos aún dormidos, sus cejas rectas, divididas y su voz pidiendo el chocolate.

—No te vayas, espera.

Me detengo, esclavo de esa voz que añade:

—Ven para acá; acércate otro poco.

De buen grado obedezco. La habitación se borra en torno según guío mis pasos hacia el dosel abierto de la cama. Ella me mira y viéndome dudar, ordena tierna y cálida:

—Toma una silla y siéntate.

Torpe de mí, no hallo ninguna. Mi corazón galopa cegando mis sentidos; mis sienes arden.

—Hay una cerca del balcón. ¿No la ves?

De nuevo me gobierna en tanto yo, su servidor, tomo la que me muestra y al fin quedo vecino mientras ella me mira.

—¿Tienes miedo de mí? —y viéndome negar con la cabeza, me ordena—: Dime de ti. ¿Dónde viniste al mundo? ¿Cómo vives?

Le voy contando mis años de Cuna, mis trabajos hasta salir con bien de la casa del amo, el largo viaje hasta la villa, las matanzas de Córdoba, aquel siniestro hedor de los cadáveres, pero tales desgracias no parecen hacer mella en su corazón. Cuando llega su turno, su vida apenas son tres o cuatro renglones que en un suspiro pasan antes que las palabras en la alcoba se borren. Bien se nota que no tiene quien la escuche; también ella quisiera, como yo, dejar padres y casa y el clérigo violento del jardín donde tanto se aburre, pero la guerra, que a mí me volvió libre, a ella la tiene presa de por vida.

—Mi sino es esperar —concluye, en tanto mira el retrato del hombre en la pared—, una voz como Lázaro que me diga un buen día: «Levántate y anda.»

XII

Querido padre: No sé cuándo te llegará esta carta, si la tendrás pronto en tus manos. Donde quieras que te halles, has de saber que mi recuerdo te acompaña.

Por aquí los acontecimientos siguen su curso lentamente desde que allá en Bailén, estuvimos a punto de perder toda esperanza. He conocido gente nueva, hombres dispuestos a no dejar que escape esta oportunidad de cambiar el destino de la patria, de sacarla de su miseria y su ignorancia. Todos luchamos por dar a conocer el espíritu del nuevo rey José mas no resulta fácil convencer a estos tozudos españoles. A todos nos va la vida en ello, pero como aseguras, nada en el mundo se consigue sin riesgo.

Aunque mi suerte se presenta favorable no sé cuándo podré reunirme contigo. Los días pasan y mis ansias crecen, pero debes saber que mi tiempo no se agota en balde; antes bien, con mis trabajos se enriquece. Una goleta espera en Cádiz, lista para zarpar si acaso amaga cualquier contratiempo; yo procuro olvidarla pues son tales mis ansias de partir y alcanzar ese país que, en ocasiones, borran en mí cualquier otra ambición y ni el comer ni el dormir me satisfacen.

Tan solo una razón me mantiene amarrado a estos lugares que usted conoce como yo: de un lado los servicios que tuvo a bien encomendarme; del otro, el recuerdo de mi querida madre que en ellos duerme o por mejor decir, reposa. He ido a ver el sencillo monumento que usted mandó alzar en su memoria, entre encendidas rosas y azaleas reales. Todo sigue tal como lo dejó. Si es verdad que hay un cielo como dicen, doy fe de que estará mirándonos, bendiciendo estos trabajos nuestros que un día alcanzarán su fruto en un mundo mejor para los españoles...

El amigo alza la pluma y mira el retrato que ante sí le devuelve su propio rostro en un gesto más amable. En el balcón vecino resbala el resplandor del alba iluminando los cristales. El eco de los pájaros anima los rincones del patio abierto a un vago toque de campanas que se multiplica sobre calles y plazas donde ya surgen los primeros pregones.

Borra de un soplo la llama de la lámpara y a la luz que ahora viene de fuera, sigue trazando líneas menudas y apretadas.

A veces me invade una tenaz melancolía que no es capaz de apartar el trato con otros amigos de mi edad. Bien sé que tal estado perjudica el ánimo, que si no soy capaz de atajarlo, poco haré de provecho, pero cuando las cartas de usted me faltan, temo que nunca llegarán, que se halla en algún aprieto grave del que no serán capaces de sacarle su ingenio y su denuedo.

Sólo tengo un amigo digno de tal nombre al que procuro ganarme y enseñar en lo que puedo que no es mucho. No se me oculta que la verdadera amistad es don difícil y precioso, pero si el hombre no la prepara y solicita, es seguro que sembrará en campo yermo. Tales son las novedades por aquí; espero y deseo que, cuando lleguen a sus manos, nuevos sucesos no las hayan hecho mudar como en tantas ocasiones. Quien las lleva es hombre de confianza según dicen; de otro modo no correría el riesgo.

Si tarda en saber de mí, no desespere que el Señor nos favorece en todo. Que Él le colme de felicidades. Así lo espera su hijo que no le olvida.

El amigo firma en el borde del pliego con un trazo solemne; luego sella la carta y sale apresurado.

Conociendo la iglesia a donde suelo acompañar al ama, ha venido a buscarme, días más tarde, cumplida una semana. Le he sentido acercar con su paso medido, cruzando grave entre los fieles, hasta quedar vecino a mí que alerta lo recibo. Finge seguir la misa como todos; se arrodilla y santigua, se alza después y permanece en pie hasta que, a punto de empezar el sermón a media voz susurra:

—Tengo que hablar contigo.

Mala ocasión, me digo aunque ya suponía que no se hallaba allí por pura devoción, mejor hubiera sido esperarme a la salida donde el revuelo de limosnas y menesterosos cubre cualquier encuentro insólito. Aquí en cambio, entre tantos fieles, la mayoría contrarios a su causa corre el riesgo de ser reconocido si no por su figura que a nadie dice nada, por sus poco discretas palabras. Criados y señores no suelen cambiar confidencias en público; menos aún en lugar sagrado y a espaldas del ama que, en tanto el sermón llega, alza los ojos del breviario y se revuelve inquieta. Hago seña al amigo de alejarse, pero él insiste aún a riesgo de comprometerme:

—¿Dónde podemos encontrarnos?

De buena gana acordaría una cita en el infierno, pero simulo no escuchar y callo.

—Ven a mi casa entonces.

—No podré.

—¿No tienes ya libres las noches?

Ahora el ama ha vuelto la cabeza. Otras le imitan con gesto de protesta que pone fin a las preguntas. En buena hora pues el sermón comienza.

—Queridos hijos y amigos míos...

De pronto reconozco en quien nos habla a uno de aquellos hombres que en casa del amigo, guardaban silencio en torno al de gris. Con su oscura sotana, parece más alto y fuerte. Nunca creí que fuera su voz tan clara, su gesto tan solemne, pero a medida que el sermón avanza, una y otro van ganando las bóvedas más altas.

—Hoy quiero hablaros de paz, de los felices días que sin duda vendrán cuando demos fin a esta guerra desgraciada. Comenzó por un error, siguió por egoísmo y se verá perdida por debilidad...

Un silencio hostil va ganando, poco a poco, sillas y bancos. Algunos se miran entre sí, sin entender. Leves murmullos se alzan en ecos que apenas hacen huella en sus palabras.

—Feliz el día en que dejando la oscuridad que nos invade, demos paso a la luz de la razón. La providencia nos ofrece un nuevo rey compasivo y prudente...

Nuevos murmullos amenazan tempestad. Sus truenos se adivinan. Mi señora se vuelve temerosa, presta a marchar, pero nadie abandona y ambos debemos esperar, en tanto desde lo alto la voz arremete:

—¿Cuándo la Religión a la que nos debemos, ha dicho que nos matemos entre hermanos? ¿Cuándo nos ha enseñado a devolver mal por bien, a combatir con la fuerza de las armas? En este tiempo que vivimos, si queremos ser fieles a nuestra condición de cristianos, recordemos lo que el Señor nos recomienda: ¡Paciencia y Caridad!

Una voz corta de improviso el sermón:

—¡Mucha paciencia se precisa para escuchar tales palabras!

—¡La Iglesia —clama el dómine—, reconoce el derecho de conquista si es legítimo!

—¡Mientes, canalla!

—El rey que nos ofrecen ama el trabajo y aborrece la muerte. No aspira a otra gloria que traernos justicia y abundancia.

—¿Y hablas tú de justicia? —clama otra voz desde la puerta.

—Hablo de leyes sabias, dictadas por un nuevo gobierno responsable.

Tal como me temía, la tempestad revienta, inunda sillas, salta bancos y en apretado remolino de truenos, se avalanza sobre el dómine que a duras penas consigue ganar la sacristía. Aún en el quicio, los fieles le amenazan hasta que desde dentro, alejan pies y puños, cerrando de golpe la puerta.

En la avalancha el ama ha buscado refugio bajo el coro. Yo la defiendo con mis brazos. Tan asustada y pálida se halla que parece a punto de perder el sentido.

—¿Se siente bien, señora?

Suspira como de costumbre, en tanto siento batir su corazón cercano al mío.

—¡Ni en la casa de Dios, se está segura en los tiempos que corren!

—No tema. El sermón terminó; podemos salir ya.

Se ha apoyado en mi brazo. Su cuerpo resulta tan leve que bien pudiera llevarla en volandas. En la calle, de nuevo somos siervos y señora, mientras mirando en torno se serena y murmura:

—Esperemos que no se repita mañana este alboroto.

Mas al día siguiente perdona la misa, cambiando el triste velo por el abrazo suave de las sábanas. Cuando llamo a su puerta, su voz dormida me responde:

—Pasa, no te demores. ¿Dónde estabas?

—En el jardín, vaciando el estanque.

—¿Hace calor allí?

—Cerca del agua se está en el Paraíso.

He dejado, vecinas al balcón, bandeja y taza esperando como cada mañana, orden de retirarlas, mas esta vez todo camina por senderos distintos porque tomando un libro de su mesa pequeña, me pregunta:

—¿Sabes leer?

—Malamente, señora. Solo con gran trabajo las letras mayores.

—No importa; yo te enseñaré.

Tiende ante mí un montón de páginas resecas y amarillas y, tras buscar en ellas, me ruega más que ordena:

—A ver si entiendes esto.

Los dos hemos quedado frente a frente, ante el mullido borde de la cama. Poco a poco, me obliga a descifrar un rosario de cifras olvidadas. Palabras y santos que conocí en la Cuna, van desfilando bajo mi nariz, mas según aparecen, al punto se me borran. Mis ojos van, como acostumbran, rumbo a aquel mar dorado y generoso, ceñido de bordados.

No ducho en tales tratos, mi corazón y otros sentidos menos castos se solivantan sin saber si escapar o decidirse. Si una mañana llego dispuesto a desatar mis dudas, mi ama decide asistir a misa, si otra me acerco sometido, de nuevo el mar se alza en quejas súbitas y tiernos suspiros. Así ando triste y mohíno de la alcoba al jardín, evitando como puedo al ama. Ya todo me molesta; el trato con los demás criados, la sotana del clérigo, las noches cada vez más sofocantes y las burlas de la mañana, en la cocina. Es verdad que me he vuelto flaco y magro, pero las embestidas de los otros me obligan a encerrarme en mi postrer esperanza que no es otra que servir a mi señora.

Por mí pueden los franceses acabar con España, mi amigo con sus enemigos, el dómine con su Napoleón o el infierno con todos, si respetan mis horas con el ama, pero es inútil, mis inquisidores no me dejan en paz.

—¿Cómo te fue la mañana, galán? —preguntan cada día—. De seguir sufriendo y a la vez velando, vas a perder las pocas carnes que te restan.

Yo callo y cumplo, pero es inútil, sus voces me persiguen.

—Mejor lo echamos a la olla; al paso que va, haremos un buen caldo con sus huesos.

—Algún alma devota se los chupará.

—Con los franceses y la guerra andan todas desasosegadas.

Con tales chanzas y temiendo la visita del amigo, vuelvo a ver de vez en cuando al cojo. Sus penas permanecen y procuro aliviarlas con lo que robo en la cocina. Pero la principal es no saber el día de la marcha tantas veces prometida y aplazada.

—Ahora se niegan los ingleses a dejarnos embarcar.

—¿Y qué deciden los españoles?

—¿Quién lo sabe? —se lamenta, atacando un despojo de cordero—. Puede que quieran rendirnos por hambre.

—Bien rendidos estáis.

—Tanto que sólo nos resta comernos los unos a los otros.

Sentados junto al camino que lleva hasta el mar, chupando de la pipa, la lengua acaba ardiendo con las hierbas que el compadre recoge para engañar el paladar. Más allá de las hogueras y la tiendas, se adivina bajo un cielo de justicia, aquel sendero miserable cerrado por dos centinelas.

Visto de lejos parece abierto y fácil pero si alguno intenta salir, necesita, a más de santo y seña, un pasaporte como el que mi amigo trata de facilitarme. Su voluntad no cede mientras tanto; me ha dejado un aviso urgente como todos los suyos:

Querido amigo: Aunque según parece no deseas encontrarte conmigo ni con los que te estiman, cede por una sola vez. Ven a verme y te mostraré mi voluntad que no ha de ser ajena a tus proyectos.

Es inútil, la alcoba del ama, su sombra leve, borran de mí cualquier compromiso como siempre.

—Hoy no descorras la cortina —dice. Luego retira el libro y dejando a un lado el rebozo de la sábana, murmura:

—Ven, échate a mi lado.

Y allá voy, dejando atrás la nave de mis dudas, náufrago alegre en su carne y mi carne. Cuando el mundo se cierra sobre ambos, todo aquello vedado a mis ojos se torna fácil en la oscuridad. Poco a poco, según mis artes crecen y su defensa cede, los suspiros antes doloridos se cambian en lamentos hasta quedar en éxtasis. Temiendo por su vida, la colmo de atenciones, pero aturdida, como salida de un mal sueño, ordena:

—Ahora puedes abrir el balcón. Y arréglate la ropa.

Tiene razón; parezco salir de una batalla antes que de su tibio nido. Con su venia escapo bien alegre y distinto. Casa, jardín y dómine se vuelven de improviso amables. Hasta puede que alguna noche me decida a visitar al amigo.

Mas como dije, nada en el mundo dura eternamente y mucho menos los buenos días de los pobres. Yo creí que aquellas mañanas habrían de repetirse pero nuevos sucesos me hicieron comprender que la fortuna sólo te favorece para mostrarse luego más esquiva.

Tras el desastre del clérigo en el púlpito, no se habla de otro caso bajo las parras del jardín. Cierta noche un repique de campanas pone a todos en pie, volcados sobre ventanas y balcones. Lenguas de fuego se alzan sobre las buganvillas, tiñendo el cielo del color de la sangre.

—Es el calor del mes. Debe de ser una bodega.

—De día, tal vez —replica el clérigo—. De noche es caso raro. Más parece un incendio intencionado.

—En verano nunca suelen faltar.

—¡Vaya a saber! Quizás anden quemando rastrojos.

—¿A estas horas?

El amo ha enviado un criado para echar una mano si lo necesitan. A poco vuelve reclamando calderos y brazos.

—Andan a caza de gabachos —explica.

—¿De franceses? ¿No están a buen recaudo todos?

—No buscan a los que acampan fuera, sino a los españoles que les prestan ayuda.

He corrido tras el siervo porque me avisa el corazón que aquellas llamas rondan la casa del amigo. Hemos llegado, corazón en boca, con los pies vacilantes y cuanto veo en torno, me da la razón. Entre el humo van por el aire cómodas y cuadros dando vida a una hoguera en la calle. Allá va la familia del amigo, aquellos rostros graves, los uniformes cuajados de medallas, los negros hábitos que escondían solemnes ademanes. Todo acaba en el fuego, alfombras y papeles, en un clamor de gritos y amenazas que hace temblar los muros cubiertos de arrayanes.

De pronto arrecia el griterío. Desde el portal la multitud arrastra una gavilla de cuerpos inmóviles. Llueve sobre sus lomos un huracán de golpes hasta dejarlos convertidos en puros despojos. Desvío la mirada y pienso en el amigo y en el de la levita gris que esa noche no acudió a la cita del jardín.

Cuando después del holocausto, vuelvo a casa, me espera en el zaguán la criada que me amenaza y grita:

—¿De dónde vienes, haragán?

Me ha llevado a empujones hasta la cocina y con la ayuda de los demás criados me deja en cueros, devolviéndome mi viejo pantalón.

—¡Largo de aquí!

Trato de resistir pero es inútil.

—¡Largo de aquí, te digo! ¿Crees que somos ciegos y sordos?

De arriba llega el rumor de un llanto. Ha de ser la señora. Una puerta se cierra de golpe. Me resisto a partir y entonces el virago resentido cae sobre mí, con su tropa de sayones.

—Esto por no podar las parras —dice mientras me azota—, esto por no ayudar en la cocina, esto por arrimarte a quien no debes.

He quedado en el suelo, humillado, rendido. Luego, lamiendo mis heridas, salgo a la noche en retirada. La luz del ama continúa encendida. Aún sigue el llanto arriba, cortado por la voz del padre, más alta de lo que acostumbra. Entiendo que aquellas horas con el libro en común eran secreto a voces desde tiempo atrás y ahora la cuerda se ha roto por lo más delgado. Estoy considerando mi futura suerte cuando siento cerca de mí un rumor acelerado. Es el amigo, vencido como yo, maltrecho y negro de humo.

—Alguien nos delató —me explica—. Prendieron fuego a todo.

—¿Y el barco? ¿Y aquel salvoconducto?

El amigo suspira y no responde.

En la penumbra, ante la casa muda, somos de nuevo compañeros. Hemos tomado el rumbo de otras noches: la luz de las hogueras que ilumina nuestro campamento.

Nada se oye pero de pronto, un centinela se despierta.

—¿Quién vive?

—Gente de paz.

—¿De qué regimiento?

—Somos paisanos. Fuimos en busca de algo con que matar el hambre.

—Mal os trataron. Adelante. Quiero ver esas caras.

Cruzamos ante la garita rota y antes de entrar bajo las recias bóvedas, de nuevo el centinela nos reclama:

—¿Dónde vais? Según se pasa, a mano diestra, hallaréis la cocina. Puede que esté encendida. Alguna sobra quedará del rancho.

Más allá de las ruinas se acerca el día amenazando. Un viento cálido llega del río, en tanto nos abalanzamos sobre un montón de sucios platos.

XIII

Volvimos a emprender el viaje rumbo a aquel mar que ahora tanto deseaba. Tales ansias o el andar más ligeros de equipaje pusieron alas en nuestros ya sufridos pies, llevándonos a Cádiz en pocas jornadas. Allí paseábamos imaginando nuestra futura suerte en aquel país de leche y miel, de verdes prados y floridos bosques que el amigo nos pintaba, aquella Francia meta común de todos. Tantas veces nos la anunciaron, tanto nos repitieron la bondad de sus gentes, la suave espuma de sus ríos, su cumplida despensa y clima tibio que dábamos por bueno cualquier trago amargo.

Una tarde tocaron a formar. Nuevo toque y ya enfilábamos el puerto.

—Esta vez va de veras —cantó el cojo.

Y acertó porque nos embarcaron pero no en aquellos navíos de tres palos, poblados de cañones, sino en otros bien diferentes parecidos a sucios cascarones, sin velas ni mástiles más semejantes a establos que a palacios.

Una vez a bordo, vi al cojo pensativo.

—¿Qué temes ahora? —le pregunté.

—Me da el corazón que hemos sido engañados otra vez.

Así debía ser. Aquellos pontones sombríos, sin un cabo de cuerda, con el timón partido, no presagiaban ningún viaje, eran tan sólo cárceles inmóviles. Tal debían juzgarlos también los que nos precedieron, maldiciendo o llorando, tratando de salvar viejos macutos y esperanzas rotas. Alguno, más entero, exclamó:

—¡Mala suerte la nuestra!

Pero nadie escuchaba su voz porque no hay esperanza que muera de una sola vez, por mucho que se empeñen cielo y tierra. Quien más, quien menos, haciendo como aquel que dice, de tripas corazón, fue salvando la negra pasarela hasta llenar por completo las cubiertas.

—¿Dónde hemos de dormir? —preguntó el cojo—. Aquí no hay colchonetas, ni jergones.

La respuesta vino a la noche cuando sobre las tablas, unos al raso, otros abajo, en la bodega, tuvimos que esperar el alba, batidos por el rumor oscuro de las olas. Ni aún así hubo descanso para todos. Fue preciso volver a la pasada disciplina, a la hora de comer y a la de pasear, para tirar el calzón, para encender fuego o vivir simplemente.

La galleta era poca y pasada, el agua amarga y el fuego escaso aunque sacaron leña de algún viejo tonel abandonado. Mas con todo, la hora peor era la que anunciaba el sueño, cuando a la noche, tras un día perdido de ilusiones, debíamos tumbarnos en filas apretadas, pies contra pies, codo con codo, como barril de arenques vivos que no muertos. Era preciso ser puntuales y, a una voz, ocupar el lugar señalado para dormir o descansar sobre el mismo costado.

Pronto nacieron las primeras llagas que, día tras día, se corrieron a otros cuerpos. La miseria encadenaba el alma arrebatando a los más flojos. Todo era desaguarse piernas abajo, boca adelante, hasta dejar tan débiles a tantos que no hubo mar ni barca donde ocultarlos o enterrarlos. La gente de la ciudad que en los primeros días se acercaba a golpe de remos y de curiosidad, quedó, a partir de entonces, en el muelle rogando por que aquel nuevo mal no alcanzara sus playas.

—Dicen que vienen a contar los cadáveres —decía el cojo contemplando el malecón y aquella catedral rematada por su cúpula dorada.

—¿Para qué?

—Para saber cuántos quedamos. Además nadie compra pescado—. Y antes de repetirle la pregunta añadía con aire malicioso—: Los peces no hacen ascos a los muertos. Se los comen, lo mismo que las liebres.

Sólo hallaba consuelo en sus naipes que ofrecía a todos.

—¿Probamos suerte, amigos?

Y viéndonos remisos, pendiente cada cual del turno y hora en que el mal tuviera a bien llamarnos, añadía:

—¡Vamos compadres! ¡Fuera penas! En esta vida sólo una vez se muere. Si nos han de llevar los de la barca que sea por derecho y con los pies por delante.

Hasta entonces no supe de qué barca hablaba, pero noches después, a la hora del rancho me topé de repente con la coima. La vi tan flaca y derrotada quc, aún recordando sus pasadas hazañas, me acerqué a ella. Alzó los ojos sin reconocerme, pendiente del plato que tendía al furriel.

—Son dos raciones —reclamaba—. Una la mía, la otra para un enfermo que no puede valerse.

—Ese enfermo hace tres noches que hizo el viaje. Todos venís con historias parecidas. Toma lo tuyo y vete.

Pero no se alejaba; seguía allí con los ojos perdidos, pidiendo caridad. Los que tras ella estaban, dieron en protestar y, poco a poco, a empujones la apartaron. La vi dudar, sin encrespar el rostro tranquila y resignada. Tomó el rumbo del puente más cercano procurando mantener su magro tesoro y yo me decidí a seguirla sin grandes precauciones. Así, escalón tras escalón, saltando sobre cuerpos ciegos y aguas malolientes, fuimos a dar ante mi viejo bujarrón al que dos hombres alzaban ya de piernas y brazos. Habían atado a uno de sus pies una maroma, arrastrándolo hacia las escotillas.

Verlos y abalanzarse, fue todo uno en la vieja.

—¡Está sano! —gritaba—. ¡Dejadlo que despierte!

—Mejor lo hará en el otro mundo. Nada despierta como el agua fresca.

Allá fue, al mar, aquel saco de huesos, mi viejo bujarrón, compañero de carro, verdugo de muchachos desvalidos. Quedó sujeta la maroma al barco y cuando al alba nos asomamos a la borda, vimos en torno muchas otras que una lancha afanaba quedamente. Era como si aquel viejo pontón convertido en prisión se hallara anclado por muchos cabos como aquéllos, mal dispuestos a dejarlo escapar.

La marea sacaba a flote a cada poco, cuerpos negros y cárdenos, unos a solas, los otros abrazados. Los de la barca trabajaban con dificultad porque fuera del agua su peso se doblaba.

—¿Dónde vais a enterrarlos? —les preguntó el amigo una mañana.

—No hay tierra aquí en España para perros franceses.

—Entonces —repliqué yo— mejor dejarlos en el mar.

—Por lo que a mí me toca —repuso el barquero— aquí se quedarían, mas órdenes son órdenes. Son los de la ciudad quienes más se lamentan aunque puestos a protestar más deberían hacerlo los gusanos o los peces y ésos, como se sabe, cierran la boca siempre.

—¡Así te coman a ti presto! —gritó en mal español una voz, rabiando en la penumbra.

El de la barca rió pesadamente y tras tirar de la maroma vecina, repuso sombrío:

4 — 3898

—No te apures soldado; todos vendréis aquí conmigo, más tarde o más temprano.

Vi al soldado llorar, en tanto la ciudad se encendía roja y blanca sobre el cobre del mar mientras la lancha se alejaba.

XIV

Pronto perdimos el respeto a la muerte a fuerza de vivir con ella. Ya apenas nos quitaba el sueño el eco de los sordos chapuzones que desde el mar llegaban, ni los lamentos de los que se arrastraban huyendo de aquellas malditas sogas. Poco a poco nos acostumbramos a considerar cada mañana una conquista y cada noche un sueño, un paso más hacia la eternidad. Ver desaparecer a tantos nos hacía creernos inmortales, habida cuenta de que, diezmados, más abundante resultaba la comida, más clara el agua, más fresca la galleta.

Es verdad que no existe mejor consuelo que la desgracia ajena, ni mejor siembra de olvido que la miseria de otros. Tanto era así que muchos desdichados parecían vivir tan ternes y seguros como el día en que nos embarcaron.

El ocio que a cada cual tornaba hostil, solitario, al cojo en cambio le volvía activo, sobre todo con su mazo de naipes. Ahora se revelaba su verdadera condición, su pasión por el juego que ya de madrugada, le llevaba a apostar sobre si los cadáveres de la noche anterior habrían de resultar pares o nones.

Un día le pregunté al amigo de dónde le vendría su afición a las cartas.

—Debe de ser cosa de gitanos. —Y al ver mi gesto, añadió—: Eso se ha dicho siempre. Tales juegos de azar y envite los inventaron ellos para vivir a costa de los otros.

Verdad o no, yo nunca había oído parecidas razones. Allá en la Santa Casa, los cuneros jugábamos con cartones pintados y más tarde, en el campo, así se entretenían arrieros y gañanes, todos buenos cristianos.

Era maestro el cojo en alzar, servir, cortar, dar entrada a la mala, hacer el paso y salto o colocar los naipes en forma de abanico. Separaba las cartas en montones iguales y luego las juntaba como cola de pájaro, dejando siempre el espadón abajo. Tantas eran sus mañas que, de montar negocio en alguna ciudad, no en aquel cementerio de maderos, hubiera al fin salido, no con la soga a rastras como tantos, sino dueño y señor de fincas y colmados.

Su pasión hacía mella en todos, marineros y tropa que muchas veces le obligaban a repetir las suertes para espiar los giros de sus manos.

Era entre todos su mayor enemigo un renegado español que solía llegar con los naipes repartidos.

—¿Dónde está ese tramposo? —preguntaba.

Nadie solía responder ni siquiera el compadre aludido, mas no hay cuña peor que la del mismo palo, y así una noche no le quedó otro remedio que aceptar.

—Aquí me tienes compañero. ¿En qué puedo servirte?

—¿Compañero? Apea el trato y llámame señor.

Aún dio unos pasos más y apuntándole con la mano tendida añadió:

—Vamos a ver si vales tanto como dicen.

El cojo luchaba por tener firmes las rodillas, mas al fin repuso, alzando la mirada:

—Como usted quiera, Sir.

Oírse llamar Sir y romper a reír todo fue uno. Los

mostachos temblaban en tanto las recias manos sujetaban sus mullidos costillares.

—Está bien, aprendiz, tira esos naipes y mejor para ti si eres tan infalible.

El cojo dudaba, pero viendo en torno tal multitud de rostros acechando, de mala gana, como quien va al patíbulo, sacó al fin su herramienta. El renegado se la arrebató y tras examinar los bordes y los palos fue palpando, una a una, las esquinas para al fin devolverla satisfecho. El cojo, vencida aquella asignatura previa, volvió a preguntar:

—¿Qué juego se le antoja?

—Cualquiera es bueno. Dime cuáles sabes.

Ya el compadre cobraba confianza y como murmurando una plegaria, recitó:

—Sé la Mona, el Lasquenete, el Solo, las Veintiuna y Ventitrés, el Faraón y la Cuadrilla, entre otros.

—Probemos el Faraón, aunque maldito si me gustan los reyes.

—Mucho lo siento, mas para el Faraón como su señoría sabe, se necesitan dos barajas.

El renegado miró con desdén los cartones.

—¿Conoces el Biribí?

—Tengo entendido que se juega con tablero de damas.

—¡Por mi vida, truhán, juguemos de una vez a lo que digas!

—¿Le acomoda el Solo?

—Solo o en compañía, sirve naipes.

Nunca vi mano mejor para amañar el corte con el meñique de la diestra. El muy ladrón alzaba dos montones para luego, fingiendo barajar, a fuerza de uña, hacerse con la espada. Eran tan prestas sus idas y venidas, su mirar a ambos lados para romper la atención del contrario, su calma fingida, que cuando el renegado quiso dar cuenta ya le ofrecía los naipes para el corte. Una vez las cartas repartidas, el semblante del rival se encendió. Salieron a relucir dos reyes, luego morralla hasta diecinueve y cuando ya estaba a punto de cantar la dama, el cojo se alzaba con las treinta y seis, dejando en nada la porfía.

—¡Sangre de Dios! —exclamó el enemigo—. ¡Nunca vi cosa semejante! ¡Da naipes otra vez!

Y de nuevo volaron las cartas por el aire con parecido resultado. Se le quedó mirando, en tanto el cojo y el resto de marinos y soldados a duras penas permanecían mudos. Tomó las cartas el renegado con mayor mansedumbre, volvió a tentarlas y pareciendo hallarlas de su gusto, murmuró a media voz:

—Ahora reparto yo.

—Como le plazca.

—Pero esta vez es preciso apostar.

—¿Y qué he de poner yo? Desnudo estoy como alacrán.

—Si eres tan hábil, juégate la vida.

En el silencio vino temblando la pregunta del cojo:

—¿Mi vida? ¿Contra qué?

El renegado, sin responder, se hizo a un lado y una sombra infeliz vino a hincar las rodillas sobre el suelo de tablones. Era su compañera, tan asustada como el cojo, viendo cómo sus manos repartían los naipes. Nuevo vaivén de cartas y nuevo envite hasta cumplir las treinta.

Los mirones callados como en misa, esperábamos acechando. En el lance siguiente el renegado subió hasta treinta y cuatro y ya andaba el desdén asomando a sus labios cuando el cojo de nuevo contaba treinta y seis. Su rival quedó como si el mismo mar se hubiera abierto a sus pies; luego tiró sobre las tablas los cartones y cogiendo a la mujer del brazo, la empujó hacia el cojo anunciando:

—¡Tómala! ¡Tuya es!

Quedó tendida, dispuesta a escapar. Intentó alzarse mas su antiguo señor la derribó, poniéndola al alcance de su nuevo amo. En un instante volaban por el aire pretina, enaguas, pantalones hasta quedar los dos convertidos en ciegos gusanos tratando de ponerse a salvo.

Mas los esfuerzos de ambos chocaban con la barrera de los que entre chanzas y gritos, los unos encrespados, los otros encendidos, daban suelta en la carne de ambos a un deseo colmado tras tanto tiempo de ayuno riguroso.

El amigo desvió la mirada de la fiesta. Ya se alejaba cuando un par de rotundos cañonazos vino de pronto a apresurar su paso. Soldados y paisanos corrimos tras él para acechar el mar desde cubierta. Más allá de la niebla empecinada, vimos o por mejor decirlo, adivinamos, dos de nuestros negros cascarones separarse del resto de la escuadra. Uno llegó a perderse mas el otro, tomado de través en la derrota, comenzó a hundirse quedando a la deriva, sembrando el mar de maderos y náufragos. Viendo aquella catástrofe, oyendo el retumbar de los cañones, maldecían los de nuestro pontón, amenazando al aire con sus puños. Sólo los menos ciegos o más hábiles se lanzaban al mar, luchando contra el rigor del oleaje.

Poco se pudo hacer. Sólo salvar media docena, suficiente para saber que los avisos del amigo se cumplían. El mismo Emperador había entrado en España.

«—¿Cómo se atreven los españoles —había exclamado en Madrid— hablar de capitulación cuando la han violado? ¿Por qué mis generales franceses no se hicieron matar antes que firmar tales condiciones? Quisiera lavar esta deshonra a costa de mi sangre.»

Bellas palabras que inflamaban a todos, a soldados y españoles amigos. Salvas y vivas al Emperador atronaban los puentes de babor a estribor pero ni el cojo ni yo nos unimos a ellas. Era fácil hablar en tierra firme, entre un espeso mar de generales, seco y comido, no pasto de liendres, aguantando el frío y el triste repicar del vientre. Todas aquellas victorias y derrotas quedaban tan lejos de nosotros como el juicio final donde, según parece, cada cual recibirá su recompensa. Así se lo expliqué al amigo.

—¿Pues qué? —me replicó—. ¿Piensas que él no conoce nuestras penas?

—Más de cerca las conozco yo —repuso malhumorado el cojo.

—Tú nada sabes salvo de apostar —murmuró su rival desdeñoso.

—Pues apuesto contigo que de seguir así presto nos llegará la postrer hora.

—Puede ser, pero de modo diferente.

—Te equivocas. En tocando a morir, todos somos iguales: tu Emperador y los demás mortales.

Era inútil seguir. El amigo insistía en que los españoles harían bien aceptando una tregua no demasiado rigurosa. Antes de un mes seríamos libres. Sólo acertó a medias. Apenas se había cumplido una semana cuando nos embarcaban en un nuevo convoy con orden de salir a alta mar, abandonando el puerto a todo trapo.

XV

Sin nombre, ni bandera, más parecemos rebaño de mar que escuadra. Aún así, a pesar de lo particular del viaje, vigilado de cerca por un par de fragatas, el corazón va cantando su alegría, sobre todo en el pecho del amigo.

El cojo y yo, entre tumbos y vómitos que hacen rodar sobre cubierta a los más débiles, procuramos descubrir, más allá de la niebla, rastros de aldeas y ciudades. Son días de abandono, sólo nublados a la noche por el rumor de otros nuevos despojos lanzados a la mar para evitar que el mal se extienda a todos antes de ganar tierra.

—Aquello es Gibraltar —nos anuncia el amigo.

A lo lejos se alza un recio espolón apuntando a las nubes, casi cerrando el paso. Las dos fragatas que nos siguen hacen sonar sus bocas y en tanto desde tierra responden, cruzamos sin mayor novedad.

De pronto el viento cambia. Deja caer sobre nuestras cabezas una lluvia furiosa de granito helado. Las nubes se iluminan y el convoy se divide, derivando entre las luces de los rayos. Se hace noche; soldados y marinos ruedan de la cubierta a la sentina luchando por arriar las velas, unos rezando, maldiciendo otros. El mar inunda puentes y escotillas con tal ímpetu y saña que nuestro barco se estremece y gira sin que el timón consiga gobernarlo.

Tratamos de mantenerlo enderezado con nuestro peso leve hasta que un resplandor, desde lo alto, viene a decirnos que nuestro ataúd flota en el agua todavía. Aún perdemos más tiempo en reparar los daños, rehaciendo el convoy, antes de proseguir nuestro calvario. Sin embargo todo tiene fin, hasta los trances más desenfrenados y, una mañana de mejor viento y mar avistamos una ciudad donde estamos seguros de que comienza Francia.

Allí aparece al alcance de la mano, con sus defensas y murallas coronadas por una fortaleza, rodeada de molinos que mueven en el aire sus aspas silenciosas. Son parecidos a los que tantas veces vi en las tierras del amo, pero con velas y cabos, lo mismo que los barcos y tan vecinos de la catedral que se confunden con sus agujas doradas.

A sus pies se halla el puerto, repleto de navíos más gentiles que el nuestro, de toda clase y rango, desde los más humildes cubiertos de aparejos y redes hasta los más solemnes, repletos de doradas galerías.

—¡Mirad; un bergantín inglés! —grita el amigo—. ¡Allá va una goleta!

Ni al cojo ni a mí, tales decubrimientos dicen gran cosa. Hartos estamos de las dos fragatas siempre al acecho tras de nosotros, como perros. Tan sólo deseamos dejar cuanto antes nuestro ataúd común, ahora repleto de pústulas y sarna. Los dos nos preguntamos cómo sabe el amigo tantas cosas del mar, siendo como nosotros, de secano.

—Del mar no; de la guerra —responde orgulloso.

—Aún así. Tú nunca lo viste antes.

—Te equivocas. Mi padre me enseñó los puertos principales.

Siempre razones parecidas. Parece como si conocer un

casco, una bandera, un nombre, le alzara sobre nosotros veinte codos.

Mas catecúmenos o no en las cosas del mar, pronto nos damos cuenta de algo que a nuestro amigo, se le escapa.

—Para estar en esa Francia que dices —apunta el cojo— no veo yo más bandera que la nuestra y esa otra de la reja cruzada que nos viene pisando los talones.

—Tampoco yo —respondo—. Ni nombres que no sean españoles.

Vamos leyendo: *Santo Cristo de Santa Eulalia, Beata Catalina Tomás, Extremeña, San Justo, San Leandro,* pero el amigo sigue en sus trece, proclamando que aquélla es la costa de nuestra libertad por más banderas y santos que aparezcan.

—Será como decís —insiste—, mas como quiera que se llame, saldremos de aquí libres todos.

—Palma es su nombre —media de pronto el renegado—. Y estamos de suerte porque aquí será el canje.

—¿Qué canje? —me atrevo a preguntar.

—El que acordó nuestro necio general.

El amigo palidece. Apenas frena su desdén cuando replica:

—El general que dices tiene tantas medallas sobre el pecho como galones el regimiento entero. Haría falta todo un día para contar sus victorias.

—Dirás para contar sus bienes. Desde que yo me incorporé a su tropa sólo le he visto pendiente de sus carros. ¿Por qué razón si no el Emperador le ha mandado llamar? ¿Para condecorarlo?

—Para informarse del estado de la guerra.

El renegado deja escapar una risa de lobo.

—Ni un pelo de la barba daba yo por su suerte.

Escupe a nuestros pies y dándonos la espalda, se aleja. En su desdén se nota que, aún sirviendo a los franceses, cambiaría de uniforme de volverse la suerte a favor de las tropas españolas.

—Hay muchos como él —murmura el amigo—. El país está lleno de gentes sin fe, solo dispuestas a llenar el vientre.

Mas renegado y todo, parecen ciertos sus informes. Rompiendo el alba, cinco nuevos navíos nos acogen. En ellos vamos, olvidando la sed y los pontones, cuando, de pronto, toman el rumbo de un peñón perdido en alta mar, nido de espuma, refugio de gaviotas.

Pronto sabemos la verdad: el recelo de los españoles ante Napoleón, ha suspendido el canje. Ahora nos llevan hasta esa triste roca cuyo nombre ninguno conoce, pero que pronto ha de sonar como el rumor de sus flancos descarnados, bajo su sol verdugo, en el contorno hostil de sus desnudos farallones.

XVI

Toda isla tiene su puerto grande o chico, todo puerto fortín y aquel particular peñasco, nacido como a su pesar de entre las olas, contaba con el suyo también, sin rastro de cañones. Viéndolo a media noche, a la hora en que nos desembarcaron, parecía un inmóvil guardián bajo el halo sereno de la luna. Su escaso resplandor iluminaba un racimo de oscuros paredones sembrados de cascajo y brañas, mas a pesar de todo final feliz y tierra deseada. Sólo al salir el sol descubrimos la verdadera cara de la isla, su piel tan seca y dura sus praderas desnudas por las que aquella tropa, pasto de sarna y mal de vientre, buscaba su salud y su comida. El cojo quedó durmiendo, dispuesto a recuperar de un solo golpe tantas noches perdidas, pero el amigo y yo seguimos a los más rezagados, dispuestos a coronar la cima.

—¿Y es aquí donde hemos de vivir? —le pregunté una vez en lo más alto, lanzando una mirada al horizonte.

El mar batía a nuestros pies alguna vela blanca, pobre sombra de nuestra libertad. Vecinas al puerto, dos lanchas cañoneras dormían balanceándose y un puñado de medrosos olivos, al pie de las murallas del castillo, traían a mi memoria recuerdos de mi tierra y casa. Mi Cuna con su pobre sopa, sus pleitos y su dómine se me antojaba ahora un jardín al lado de aquel cerro cobijo de alacranes.

—Esto no ha de durar —trató el amigo de animarme—. El canje es cosa hecha. En unos días estarán las listas dispuestas.

—¿Qué listas? —le grité—. ¿Con qué se comen? ¿Dónde se guisan? ¡Por la madre que me echó a este mundo que de aquí no salimos sino para abonar los campos! ¡Harto estoy de mentiras y de plazos! ¡En mala hora dejé casa y hacienda para acabar en esto!

—¿De qué hacienda hablas? —me preguntó a su vez con una punta de ironía.

—La mejor de un cristiano: no obedecer a nadie, no sentar plaza de eterno prisionero, no alzarme al alba para mojar galleta miserable entre muertos en pie y heridos como un «Ecce Homo». Hasta el presente nunca me faltaron ni el agua, ni la sal, ni un buen montón de paja donde soltar la pierna como un papa.

—Flaco consuelo es ése.

—Peor llenar de fantasías la cabeza cuando, entre piojos y canalla, ni el día es día, ni la noche es noche.

—Porque tú no naciste para esto.

—No nací para acabar en el mar, atado a una maroma.

—Hay razones por las que bien se puede apostar la vida.

Quedó mirando en silencio el horizonte a vueltas como siempre con sus meditaciones. Seguramente se acordaba del padre como yo de mi postrera protectora, su jardín y la casa donde pasé tan dulces horas. De nuevo me veía en aquel nido velado y blanco, pero el amigo no atendía a tales cosas; sus ojos debían atisbar tan solo banderas y cañones.

Un rumor repentino vino a llamarnos a los dos. En el sendero de la costa una gavilla de soldados reñía batalla en torno de algún magro botín. Nos acercamos bajando apresuradamente la colina hasta descubrir en el centro de la escaramuza un asno flaco y ruín.

—¡Justicia! —clamaba el que del cuello lo tenía—. Yo lo vi antes que nadie.

—¡Mientes; yo le eché el lazo!

—¡Nadie lo toque; es mío!

—Mejor echarlo a suertes antes de ejecutarlo —la voz del renegado se alzaba sobre las demás—. A buen seguro que ha de hacer buen caldo.

Sin embargo alguno apuntó que podría ayudar en otros menesteres; para cargar agua y comida si llegaba el caso. Unos callaron, los otros asintieron y así aquel pobre montón de huesos mal trabados salvó la vida para arrastrar cantos y ramas con que alzar las primeras cabañas. Sólo dos se negaron a trabajar en ellas: uno el amigo, siempre a la espera del famoso trueque; otro el cojo que desde el primer día se dedicó a su oficio de tahur. Aquel refugio miserable que conseguimos levantar a costa de sudores y de viajes, se convirtió en cueva de naipes donde la compañía entera venía a dejar desde el morrión a los galones. De día dormía, de noche abría su negocio y para congraciarse con nosotros, nos regalaba alguna yesca y pedernal con que encender la leña de la cena o un par de remendados pantalones.

Rara pasión la suya y de los otros. Viendo tanta desgracia en torno, nadie hubiera creído que aún mantuvieran fe en su suerte. Seguramente a falta de mejor esperanza, aquella otra, remota, los conservaba en pie aunque solo unos pocos salieran gananciosos. La mayoría, limpios de polvo y paja, dejaban pasar su tiempo a solas, mirando el mar, enfermos del peor de los males la temida y tenaz hipocondría. Otros hicieron frente a su desgracia y con la ayuda de clavos y algunos cuchillos consiguieron alzar chozas mayores, algunas rodeadas de jardines.

Así aquel primer cerro que exploramos se llamó «Colina de los Dragones», otra del ventiuno y una tercera, del catorce según el nombre de los principales regimientos. Cada cual se fue a vivir con sus amigos; nosotros fuimos tres hasta que cierto día, apartando la cortina de ramaje, vimos entrar al renegado.

—¿Hay lugar para un nuevo inquilino?

Tuvimos que aceptarlo mas no venía solo; traía consigo nueva compañera.

—Al menos aquí podré hablar cristiano. Harto estoy de entenderme con gabachos.

Las noches fueron menos calmas desde entonces y los días parejos de las noches. Dejando a un lado sus galopes de amor, cada vez que la comida tardaba, aquella harpía parecía dispuesta a devorar a su hombre. Lo que el amigo y yo no conseguimos: paz para el naipe y silencio para el sueño, vino a través de una orden que desató la más fiera de las riñas.

—¿Será necio este hombre? —clamaba la mujer—. No me voy por mi gusto sino porque me obligan.

—¡Por Cristo que no escapas!

—¿Quién va a impedirlo? ¿Tú? La orden es para todas.

El renegado la amenazaba con el puño pero la coima maldito si cejaba.

—He de ir. No pertenezco a nadie. Quien quiera acompañarme tiene el camino franco; el que quiera quedarse que se pudra.

Con tales razones se acometían y ensañaban sin aclarar la causa de tan súbita ira hasta que, en plena zarabanda, salí al sendero de la costa donde solían olvidar las flaquezas del cuerpo otros más mansos, a la caída de la tarde.

El primero a quien pregunté no me escuchó quizá pendiente del barco del pan que como siempre se retrasaba. Otro juró no saber nada, hasta que hallando un caporal que hablaba un poco de español, vine a saber la razón que enfrentaba a la pareja.

—Asunto de mujeres —murmuró.

—Eso bien claro está —repliqué—. Los hombres suelen reñir por tales cosas.

—Han decidido repatriar a todas, pequeño amigo; según parece, a más de prisioneros quieren hacernos sodomitas.

—¿Quién dio la orden?

—El nuevo capellán.

Así pues teníamos dómine ahora y así tuvieron que embarcar Lola Lory, María Magdalena de Mayar y Mariette Radayel, manceba del sargento Cosin, amén de la del renegado y otras que dejaron el puerto bañado en lágrimas y maldiciones. Grande fue el sobresalto de todas; muchas huyeron a las cuevas pero una vez vueltas las aguas a su cauce, sus antiguos amigos y clientes volvieron a visitarlas en su nuevo refugio con algún regalo que abriera paso a sus favores.

XVII

Entre tanto desánimo, el único en sobrevivir, en apariencia al menos, era el amigo callado y cauteloso. Ni el son de los naipes ni la falta de sal, ni tantos ciegos ojos esperando la muerte, ni los mismos cadáveres que era preciso quemar por no poder enterrarlos, le hacían mella, ni vacilar el ánimo. Ni siquiera le vi parpadear cuando de madrugada, aún con las piras humeantes, piernas y brazos chamuscados se alzaban entre las cenizas clamando al cielo por sus almas. Ajeno a todo, por encima de todos, solía pasear al caer la tarde. Luego se me perdía hasta hacerme pensar si andaría en las cuevas, en brazos de alguna ermitaña a espaldas del nuevo capellán.

Así una tarde, decidí seguirlo. Poco a poco y al amparo de las zarzas, le vi ganar el arco de la cala cercana hasta doblarla y alcanzar una orilla remota a la que sólo llegamos entrada la noche. Allí, en la oscuridad, escuché un rumor de golpes. Me acercé entre la maraña de retamas y el corazón frenó mis pasos.

En torno de unos maderos mal trabados, un grupo de hombres se afanaba con sierras y escoplos venidos a buen seguro de algún barco inglés. Dudaba si sumarme a ellos cuando, un rumor a mi espalda vino a sorprenderme, espantando a los otros abajo.

Se borraron del todo; quedó la cala vacía y el proyecto de barca bien cubierto de piedras y retamas. Yo, recelando, me mantuve quieto, pegado a tierra, hasta que vi asomar los cuernos de la luna apuntando a la cima del monte. Ya me alzaba cuando una sombra me imitó. Sentí quebrarse mis entrañas, pero sacando a flote las pocas fuerzas que restaban, pregunté con un hilo de voz:

—¿Quién anda ahí?

Sólo el rumor del mar me respondió.

—¿Quién va? ¿Quién es? —volví a susurrar.

—La pequeña María —murmuró la sombra.

—No conozco ninguna, grande o chica. Dame tu santo y seña.

—Esperanza y buen ánimo.

Ahora sí que acertaba a distinguirla, tan pequeña como su nombre, con la pechuga desmedrada al aire y las ropas deshechas.

De improviso me dio la espalda y su voz vino por encima del retumbar de la marea:

San Antonio bendito
ramo de flores
a las descoloridas
danos colores.

Bien podía pedirlo, bien hacía encomendándose al santo pues su cara, a la luz de la luna, era tan blanca como su resplandor.

No parecía triste por su suerte. Seguramente había huido con las otras cuando la leva del nuevo capellán y ahora andaba al garete escondida en las cuevas como tantas.

Sobre la percha de los hombros sólo sus ojos brillaban en la oscuridad. Más que mirar, vagaban sin llegar a posarse lo mismo que sus manos heridas por el sol y aquel viento del mar que alzaba sobre su espalda guirnaldas de mechones.

—¿De dónde sales tú? —pregunté por fin.

—De un poco más arriba donde está mi castillo.

Seguramente se burlaba de mí, de modo que le apreté otro poco:

—Siendo así has de tratar mucha gente de nombre. Esta noche pasó por aquí una cumplida tropa de oficiales.

—Unos van y otros vienen. Algunos no vuelven más. —Pareció fijarse en mi persona por primera vez—. ¿Qué más quieres de mí?

—Poca cosa: que me enseñes ese palacio tuyo.

—De buen grado —repuso la pequeña, con una inclinación que alzó ante mí el recuerdo de mi postrer señora.

Y bien dispuesto a seguir aquella burla en todo, pregunté todavía:

—¿Y no teme su señoría que le roben?

—No; que nadie lo ha visto; ninguno lo conoce.

Según nos alejábamos del mar, me imaginaba yo qué lupanar nos estaría aguardando en lugar tan escondido. Quizás aquella María pequeña fuera tan solo un cebo para clientes tan poco expertos como yo, mas a pesar de todo la seguí, en tanto apartaba de mis piernas un vendaval de zarzas:

—Dime otra cosa. Si es verdad, como dices, que nadie estuvo en él, ¿qué mérito es el mío para tal privilegio?

—Ser el primero en desearlo.

Miré su cuerpo breve, movido a compás, sin apenas tocar las jaras y retamas.

—Otra cosa deseo. ¿Me la darás también?

—Eso depende del tiempo y la ocasión —respondió sin detenerse. Por el contrario, apresurando el paso, como temiendo fuera a tomar aquello que pedía, añadió—: Ciertas prendas del cuerpo y del alma no son para robarlas, sino para merecerlas; sólo otorgadas y recibidas de buen grado, suelen satisfacer a quien las solicita.

Quedé mudo y confuso como si el mismo dómine me hablara. Tanto que olvidé toda idea de asaltarla, dispuesto en cambio a obedecerla en todo. Caminamos por un mar de brañas que apenas permitía el paso hasta que, a una señal, hicimos alto.

—Ahora detente y mira, y si en algo me estimas, promete no contar a nadie lo que ves.

Ya estábamos a la entrada de su famosa cueva y por más que miraba, no distinguía si era palacio o mancebía. Aún así respondí respetuoso:

—Por mi vida; juro no decir nada.

Y su mansión, por mi alma, era tal como me la pintara. Prendí un manojo de retamas siguiendo tras mi amiga que, aún en lo más oscuro, se movía a su antojo. Grandes columnas iban apareciendo a la medrosa luz, unas colgadas de lo alto como brillantes lágrimas, otras nacidas de la tierra como bosques sin ramas, pulidos, relucientes.

De algún lugar donde la vista no alcanzaba, venía el murmurar de un río, un apagado retumbar de gotas siempre al mismo compás como contando el tiempo de la vida. Según movía la luz y el fuego se animaba, la pequeña María se borraba tras de alguna figura colosal. Todo cuanto hasta entonces había visto yo, se hallaba allí convertido en maravilla.

De pronto llegó de nuevo la voz de mi amiga:

—Éste es mi trono.

Sentada sobre uno de los recios pedestales parecía señora de aquel reino escondido, nacido de las entrañas de la tierra.

—¡Por Cristo! —repuse, imitando su acostumbrada ceremonia—. Nunca vi en mi vida castillo más original, tanto cristal y mármol juntos aunque, a decir verdad, no he visitado muchos.

—Yo los conozco todos y puedo asegurarte que no hay otro que se le pueda comparar.

—No lo dudo; en la isla sobre todo.

—Haces mal en burlarte —replicó disgustada— porque podría enseñarte alguno más.

—No me burlo —respondí dispuesto a remediar su enojo—. Por el contrario quiero que me los muestres, que secreto común hace buenos amigos y amantes generosos.

Mis razones no hicieron mella en su desdén. Ni siquiera debió escucharme porque, bajando de su pedestal, volvió a las tinieblas, huyendo de la luz que agonizaba en mis manos.

La llamé por su nombre, luché por avivar la lumbre, mas nada conseguí salvo alcanzar la puerta de aquel castillo ahora borrado con la primera luz del día. ¿Dónde estaría su altiva reina, blanca bajo la luna como estatua de sal? ¿Qué comería y bebería? ¿Qué sueños rondarían su cabeza? ¿Viviría como tantas de raíces y hierbas o como algunos prisioneros de la magra cosecha del mar? Y sobre todo, me preguntaba por qué razón la seguía y escuchaba si mi vida y mi suerte tan torcidas andaban, según corría el curso de los meses.

XVIII

Con el sol en lo alto y tanto mes sin nubes, la única fuente de la isla comenzó a menguar hasta hacernos pensar sólo en el agua.

—¡Maldito sol! ¡Maldita calma chicha! —murmuraba el amigo espiando el horizonte—. No asoma ni una nube.

Una fila apretada de cautivos sedientos se extendía del pie del manantial a la colina de dragones, nutrida día y noche por cuerpos cada vez más magros. A falta de agua, algunos intentaron cocer en la del mar sus provisiones pero salían de la olla con un agrio sabor que provocaba más sed y vomitonas. Fue preciso reducir las raciones, someterse a un turno riguroso que vigilaba, bastón en alto, un caporal duro y sombrío. Un nuevo reglamento señaló las horas en que podía tomarse y los días vedados, a fin de no agotar el manantial que iba muriendo convertido en arroyo miserable. Era de ver aquella multitud montando guardia a lo largo de toda una semana para llenar un balde en el que preparar alguna sopa. El cojo no se lamentaba. Antes bien solía regalarnos con un caldo cuando, a la noche, hacía balance del negocio.

—Tomad —nos ofrecía—. No hay mejor industria que

el tesón de los demás por agarrarse a esta perra vida.

—Dirás necesidad.

—Tanto da. Yo no hago fuerza a nadie. El que tenga con que pagar que pague, el que no que se pudra. Yo no inventé esta guerra. Quien no se sepa administrar ya sabe qué le espera si se retrasa el barco.

—Un hoyo y cuatro piedras.

—Acabarán con todos nosotros —resumió el amigo en tono sombrío.

—¿Y qué iban a ganar con ello?

—Menos viajes y bocas. En cuanto a lo del agua yo conozco un remedio.

—Mirar las nubes y esperar.

—Tomar baños de mar.

—Más que bueno, diría radical. Muchos murieron ya bebiéndola.

—¿Quién habla de beberla? ¿Tú sabes sostenerte a flote?

—Lo mismo que los sapos —rompió a reír el cojo.

—De todos modos —medié yo—, bien se puede probar.

Fuimos con grandes precauciones donde otros solían, entre ellos nuestro renegado que, según manejaba piernas y brazos, más parecía hombre de mar que de mies y matojo. Yo, mal que bien, me defendía, el cojo apenas se mojó los pies y el amigo ni siquiera llegó a tocar la espuma a pesar de sus consejos anteriores.

A poco, el renegado vino cerca de mí, resoplando, sacando al aire la cabeza.

—Para ser de secano —gritó—, no lo haces mal. Ven conmigo, soldado.

Yo, con los labios apretados, apenas pude contestar en tanto él insistía con un recio ademán que obedecí sumiso. Era el agua menos tranquila y más profunda que la de aquellas pozas donde en el verano solíamos los cuneros aprender a flotar, mas mi maestro debía de tener un a modo de imán que, a mi pesar, me arrastraba lejos de la costa, como en busca de una tierra remota donde hallar mi libertad.

El mar era tan manso y el cielo tan cordial y amable que sólo era preciso dejarse llevar como sus criaturas, tras la huella del guía. Por vez primera me sentía libre, como con el rebaño de los amos, o todavía más atrás, en el patio de la Casa de Expósitos, cuando el día pintaba Corpus Christi. Ahora entendía tantos afanes del amigo, la verdadera miseria de los otros por encima de la soledad y el hambre. Comprendía que cosa era sobrevivir a costa de mis torpes brazos, sin esperar un sorbo de la fuente, el barco del arroz y el pan, cara a aquel horizonte despejado. De nuevo tornaba aquel deseo mío de escapar como quiera que fuese, holgar sin ataduras, cambiar de trocha y rumbo, dejándome llevar como la nube de gaviotas que nos abría paso convertida en alegres gastadores.

Bien claro se me alcanzaba que aquel primer propósito de encontrar fortuna, parientes ricos o empleo de provecho se iba borrando como la línea de la playa. ¿Dónde encontrarlos sin perder mi libertad, desdeñada cuando se tiene a mano, deseada cuando se la echa en falta? Quizá por tales razones seguía tras del renegado, con mis pies libres y mis brazos firmes, rumbo a un peñón que ahora se alzaba como a un cuarto de legua, torvo de retamas, ceñido de halcones de mar que apenas espantaba nuestro paso.

Seguramente él ya lo conocía de otras veces porque al punto halló donde hacer pie y, cuando, tras mucho esfuerzo, conseguí ganar tierra sacó de un cobijo de zarzales dos rústicos garrotes, ofreciéndome uno:

—Atención y adelante —ordenó—. Hagamos frente al enemigo.

Yo no entendía de qué enemigo hablaba, qué trabajo me esperaba, ni a quién era preciso ejecutar en aquel cerro sembrado de taludes. Di en pensar si andaría en sus trece, si el sol, la hipocondría o la sed no le habrían robado el seso como a tantos, pero, según se abría paso entre los matorrales, tales dudas al punto se borraron. Sobre nuestras cabezas volaban golondrinas parejas de las de tierra adentro, tan confiadas y felices que se posaban al alcance de la mano. Entendí que aparte de nosotros, pocos habían pisado allí a no ser algún perdido náufrago y a un tiempo me preguntaba la razón de tal brega para llegar hasta aquel cerro sembrado de peñascos.

Hasta que en un recodo vi a nuestra víctima primera mirándonos de través sin asomo de espanto. Era como los conejos del corral del amo, un poco más pequeño, pero tostado y de orejas finas, siempre en busca del viento que ahora traía el rumor de nuestros pasos. Inmóvil esperaba sin recelo alguno, seguramente tan sorprendido como yo que apenas vi volar el bastón del renegado.

—Adelante —gritaba—. Aquí hay carne de sobra con que dar de comer a un regimiento.

Y a fe que no le faltaba la razón pues, según avanzábamos iban surgiendo en vaguadas y calveros nuevas víctimas a las que ajusticiar de un solo golpe hasta llegar a fatigar el brazo. Antes que cacería semejaba hecatombe y tal fue su calibre que al fin nos detuvimos agotados.

—Buena cosecha para un solo día —murmuró el compañero—. Perdonemos la vida a los demás y descansemos para el viaje de vuelta. ¿Cómo andamos de fuerzas?

—Regular. Mal que bien podré sostenerme a pesar de la carga.

—Ni una palabra más. Mejor dormir un poco que charlar.

Y siempre como a toque de corneta, se obedeció a sí

mismo tumbándose junto al camino, tan satisfecho como entre blandos almohadones.

El sol ya iniciaba su caída. Yo también dejé caer mis huesos doloridos y pronto no sentí ni el canto del mar, ni el eterno chirriar de las ociosas golondrinas.

De pronto un fiero golpe en el costado me devolvió a este mundo. Vi al renegado en pie acechando el cielo ahora negro, azotado de relámpagos. El mar ahora se hinchaba y removía en alcores y lomas. Después de cada resplandor, salvas de truenos se perseguían en el horizonte.

—¡Aprisa! ¡Aprisa! Corre...

Con la cosecha a cuestas, corrimos hacia el lugar donde tocamos tierra, pero el mar nos rechazaba. Fue inútil intentar entrar en él. La tormenta lo sacudía, bañándonos en cuerpo y alma y tras dejarnos jirones de pellejo entre peñas y zarzas, quedamos en la breve cala batida por el agua. El renegado rompió en maldiciones.

—¡Sangre de Dios! ¡Tanto trabajo para nada! ¡Una mañana y una tarde perdidas!

—¡Con tal de que no dejemos la vida también!

Por un instante se olvidó del mar para mirarme con aire ofendido.

—¡Mal compañero me pareces tú! Si te falta valor, cállate al menos. Esto no ha de durar eternamente.

Mas aquellas montañas que a nuestros pies rompían, no hacían sino crecer, dejando tras de sí un verde manto de revueltas algas.

—¿Qué haremos, Sir? —pregunté.

Me lanzó una mirada y acechando el cielo respondió, de donde yo entendí que tocaba ca rar procurando salvar ambas tormentas.

La noche trajo nuevos envites sembrando

de sobresalto. Ya solo al resplandor de los relámpagos reconocía al renegado, acurrucado como yo, impotente también, ajeno al sueño, mustio y hambriento. Nada restaba por hacer salvo elegir entre acabar como Jonás en el vientre de una de aquellas ballenas formidables o convertido en cenizas por el siguiente rayo. Así, esperando la visita de la que no perdona, fueron pasando los miedos y las horas. Allí la vi otra vez, cara a cara, luego de adivinarla en los pontones, en las hogueras de cadáveres, en tanta marcha y contramarcha, en el rostro amarillo de mi viejo sargento. Allí mis pensamientos saltaban como la tramontana de Norte a Sur, sin rumbo ni sosiego mas, cosa rara, en mí, en aquella particular batalla, tan solo una persona perduraba: la pequeña María, lejos de la borrasca, en otra isla mejor, quién sabe si en su palacio de cristales. ¿Cómo serían sus horas? ¿Acecharía el mar o dormiría su hambre como las demás? Tan pronto me la representaba pobre y mezquina, ceñida de pingajos, como reina y señora con su diadema reluciente, sus anillos de plata y el pelo como espuma de mar cayendo en olas sobre su blanca frente. Me llamaba y a su señal trepaba yo por aquellos escollos de diamante hasta alcanzar a ver el campamento a nuestros pies, rico y pulido como para una ceremonia. Allí estaba mi cojo, de calzón y casaca bordada de costuras y alamares; allá se abría paso mi amigo con su famoso padre de uniforme, ternes y altivos como dos buenos oficiales. Y al fondo, quién sabe si orgullosos o humillados, vi también a mis padres.

Les hice seña de que se acercaran, pero no me entendieron o me huían; el caso fue que, antes de decidirse, vino el alba espantando sueños tales.

Ahora el mar parecía más calmo. El hambre en cambio, corría desatada. Castigo duro aquél, rodeados de carne por los cuatro costados.

—¿Tienes yesca?

—La tengo, pero después del baño no va a arder.

—Dámela.

Le entregué mi eslabón y pedernal, mas sus esfuerzos fueron vanos.

—¡Mierda! —gritó despidiéndola de sí con rabia.

Parecía cargar sobre mi espalda las culpas que viento y mar se repartían. ¿Qué habríamos de cocer allí, sin leña seca, bajo aquella lluvia? Aún con las llamas del infierno hubiera sido intento necio. El renegado debió entenderlo así porque mirando al cielo, más parecía encomendar su suerte a las nubes que a nuestras fuerzas bien escasas. Ahora frío y ayuno iban minando la cabeza. Ya caída la tarde, alzarse, mantenerse en pie contra aquellas tenaces embestidas, era duro trabajo según la luz caía, anunciando la noche. Dentro de mí, otros rebaños galopaban: recuerdos de cuneros, del amigo y el cojo revueltos todos en negros laberintos.

Corría mi vida a la deriva, siempre a merced de otros, nunca asistido salvo por la señora del jardín y la pequeña María que ahora ya no sabía si alguna vez llegué a conocer en este ingrato mundo, o si por el contrario era tan solo sueño mío.

Cerca de mí, callaba el compañero. Parecía de piedra y jaramagos, con su camisa maltrecha sobre el calzón raído, disimulando mal los costillares. Viéndolo allí a mi lado, derrotado y sumiso, frente a aquel mar impenetrable, entendí que por aquella cárcel de tinieblas ya se nos acercaba, atenta y mesurada la que no tiene nombre, vieja enemiga de todos los mortales.

XIX

Ahora ya estoy en el Infierno. No en el valle de Josafat ni en el limbo de los inocentes ya que nunca lo fui, no sé si por inclinación, tal como el dómine decía, o por mi mala suerte. Sobre mí corre un techo remendado, que me separa del mundo de los vivos. También hay quien reza, pide o llora. Oigo lenguas que no llego a entender. Un hedor más terrible que la peste, mezcla de podredumbre y heces, se alza por todos los rincones.

Los demás condenados, venidos no se cuándo, ni de dónde, son sólo mitad hombres, tan mutilados aparecen, con la carne en pedazos, convertida en manojo de tendones. El tiempo se la va arrebatando, hasta dejarlos convertidos en desnudos muñones. Piernas y brazos sólo se alzan cuando no pueden servirse de la voz, cuando ese techo que no sé si nos encierra o nos defiende, se vuelve oscuro, uniéndonos a todos en el mismo sueño de miedo y dolor, antesala de la muerte.

Cuando la luz vuelve puntual, tornan también con ella los rostros donde el mal se abre paso y es preciso apartar la mirada lejos del musgo vil que avanza en ellos día a día.

Yo, al menos, me conservo entero. Voy tentándome el

pellejo hasta donde mi mano alcanza y mis costados acometidos por rebaños de agudos aguijones. Todos somos hermanos, cofrades, devotos de la desesperanza que aquí nos tiene bajo ese lienzo infame, burla y pendón de nuestro tiempo miserable.

De cuando en cuando, como venidas de otro mundo, llegan flotando sombras con un puñado de legumbres que ponen a cocer en calderos enormes. La niebla se hace más espesa entonces, se alza un mar de suspiros y por un leve plazo, suelen menguar las voces. Otros días se acercan para ir contando, uno por uno, los camastros. Cuando adivinan que alguno quedará pronto libre, vuelven con las temidas parihuelas, tienden sobre su lecho trashumante los despojos que restan y desaparecen tan silenciosos como gatos. No pasa un día sin que el nido vacío tenga nuevo huésped.

Tal ha de ser ese lugar del que nunca se vuelve. Al menos así me lo pintaron, sin puertas ni caminos, cumplido de dolor y llanto, con un letrero en lo más alto que dice: «Para siempre.» Así estábamos todos, franceses y españoles, solos y a un tiempo mal acompañados, con nuestro miedo a cuestas, cuando cierto día las tinieblas se abrieron a una nueva luz que, a ratos, se detenía sobre los catres de los desahuciados. Lentamente, iba su resplandor iluminando lamentos y agonías, apartando retamas, dando paso a una oscura sotana abotonada.

—¿Qué mal padeces tú? —me preguntó acercándose.

¿Qué había de contestar? Desde que desperté sobre la madre tierra, nada sabía de mi enfermedad.

—Al menos estás entero —murmuró de nuevo lanzando una mirada bajo mi manta ruin.

—Entero y sano —acerté a responder—, aunque escaso de fuerzas.

—Entonces, ¿por qué te beneficias de lo que necesitan otros?

—No lo se, padre; ansioso estoy de marchar cuanto antes.

Vi vacilar sus ojos bajo un mechón de alborotadas canas.

—Tú no eres francés.

—No, señoría.

—Siendo español. ¿Qué haces en esta isla?

—Azares de la guerra, padre, me trajeron a ella.

De nuevo quedó inmóvil su oscuro entrecejo, luego, volvió su recia espalda y tras cambiar unas palabras con otra sombra que mantenía en alto la linterna, otra vez se borró en la oscuridad.

Así fue como, al cabo de una semana, vino a buscarme un limosnero, ordenándome dejar libre la cama.

Por mí mismo nunca hubiera podido levantarme, mas con la ayuda de aquel ángel guardián torvo y chaparro, pude ganar la puerta, cosa que nunca pensé lograr sino entre cuatro enterradores.

Nunca me pareció más limpio el sol, ni más amable la colina, ni mejor pintado el mar, tan suave y apacible. Las gaviotas saludaban mi nueva libertad y la brisa, empujándome, se me antojaba dulce amiga.

—¿Dónde vamos? —pregunté a mi samaritano.

—Al Hospital del Fuerte. Allí reciben a los enfermos y heridos.

—¿En éste no? —le pregunté extrañado.

—En éste sólo aquellos que miran ya a otro mundo.

Oírle y perder las fuerzas, fueron la misma cosa. El cuerpo entero se me descompuso. Me volví y aquellas cuatro lonas mal tendidas al amparo del monte me parecieron más infierno que antes. El miedo me empujaba hacia delante, aún a costa de duros tropezones. Ya no sentía la sed ni el hambre, sino el azogue vivo de alejarme.

—No te apresures —dijo el ángel—. El fuerte no ha

de escapar, ni el hospital tampoco, al menos mientras mande en la isla el capellán.

—¿No es el gobernador quien da las órdenes?

—Desde que vino el otro, apenas mide y corta; el dómine es el único que mira por la suerte de los prisioneros.

—Según parece, también tú.

—¿Yo? —me miró sorprendido—. Si por mí fuera, los dejaba morir donde están.

—Entonces, ¿por qué les dedicas tantas atenciones?

—Porque los enfermeros tenemos doble ración, amén de algunos otros gajes.

Yo no le contesté por si aquella andanada me alcanzaba. Fingí no oír cuando ya a mis pies aparecía el nuevo campamento.

Aquel revuelto mar de chozas y retamas se hallaba ahora convertido en aldea de modestas casas. Viéndolas tan blancas y pulidas, cada cual con su huerto o su jardín delante, recordando las fatigas pasadas, pregunté a mi samaritano la razón de tales novedades.

—Es a causa de esos perros ingleses. Cada vez que llegan les socorren con hachas y azadones. Ellos hacen la guerra a su manera. Hasta hay quien dice que más pelean para el Emperador que por la causa nuestra.

—¿Y cuál es nuestra causa?

Se me quedó mirando con sus ojos sombríos, teñidos de sospecha y desazón.

—¿Cuál ha de ser sino volver al trono a nuestro rey y barrer de extranjeros la patria?

De nuevo enmudecí. A fin de cuentas, cunero y todo, aquel rey de que hablaba había de ser mío también, aún huérfano de tierras y heredades; así mi acompañante, sin que yo preguntara, rompió a contarme por menudo un sinfín de victorias según las cuales en poco tiempo cambiaría la fortuna de los españoles.

—Y de éstos, ¿qué será? —pregunté señalando aquel cogollo de menudas casas.

—Dentro de poco servirán de abono.

—No todos. Alguno salvará el pellejo.

—Todos —repitió el ángel—. Éstos y los que acaban de llegar en las nuevas remesas. Acabarán hartando al capellán. ¡Que el diablo los lleve! Cuando les place, trabajan hasta partirse el alma, cuando no les conviene, todo es subir a la capilla a protestar, a exigir lo que sólo a hombres libres corresponde.

—¿Y las mujeres? ¿Qué se hizo de ellas?

—Por ahí deben andar las que quedaron, a la espera de la leva siguiente. Alguna baja a veces a la playa, pero de todos modos se las echa en falta poco. De la panza sale la danza y ahora se come y bebe poco.

Yo en cambio, mal comido y bebido y con el cuerpo roto, aún me acordaba de mi amiga de un día, camino del fuerte que amenazando al mar, se alzaba junto a su torre venerable.

XX

Ahora estoy en el tan deseado Paraíso con el cojo a mis pies. Me ha traído un pedazo de tocino que miro, toco y guardo como piedra preciosa. Más tarde lo pondré a remojo para metérmelo entre pecho y espalda, chupándolo despacio lo mismo que los viejos. Tal parezco, tan flaco y desmedrado, frente a mi compadre tan lucido de carnes.

—Ahora —me dice— marcho con el viento a favor.

—En buena hora. ¿Y a qué se debe esa fortuna?

—¿A qué ha de ser, sino a mi industria y buenas artes?

—Tus artes bien las conozco yo.

—No van las cosas por donde te imaginas —me replica apoyándose en su recio bastón—. Has de saber que abjuré de mis pecados veniales.

—¿Renunciaste a los naipes?

—Tan cierto como que tengo oficio nuevo: el más viejo del mundo, el que mayor salud procura.

—¿No te habrás convertido en alcahuete?

—No, amigo, que ése es trabajo de mujeres. Mi negocio no es otro que una cantina nueva.

—¿Una cantina? ¿Y qué puedes vender, salvo miseria o caridad?

—Bien se te nota el tiempo de hospital. Has de saber que nada nos falta desde que nos visitan los amigos ingleses. Compran, cambian y venden. El mismo capellán ha decidido fomentar tales mercados y no hay navío, amigo o enemigo, que en llegando a la costa, no se vuelva con su buena ración de mercancía. Hasta nuestros guardianes se acercan en sus lanchas a encargar cestos, arcas y cucharas de palo.

—¿Y nuestro renegado? ¿Trabaja también?

—Ése, desde el día en que contigo lo salvaron, se deja poco ver.

Así llegué a saber cómo volvimos a la vida, gracias a una de aquellas fragatas que a la postre se avino a recogernos.

—¿Y el renegado cómo salió del trance?

—Tan roto y agotado que apenas se le reconoce. Mudó de casa y coima. No quiere saber nada de nosotros.

Con tales visitas y la intendencia que con ellas llegaba, pronto pude valerme, alzarme y pasear. Ahora el mar aparecía crespo, el viento helado y el sol sumiso, anunciando Navidad. Al mes cumplido pude volver a mi cabaña que, vista de cerca, me reveló el rostro verdadero de aquel súbito cambio. Aquellas avenidas, los jardines cuidados, mostraban su semblante bien distinto del que yo imaginaba. Las rectas calles, la nueva plaza que llamaban «Palais Royal» no pregonaban alegría, antes bien malhumor desesperado. Incluso la cantina del cojo, como la de tantos otros españoles venidos de Palma al olor del negocio, cantaba su verdad por encima del pan más blanco y el vino menos rancio, venía a decirnos que nuestra vida no cambiaba en nada, que nuestra libertad andaba para largo.

Aquellos que aún conservaban algo de valor o ganas de manejar martillos o azadones, tenían a su alcance ahora, carne salada, arroz y habas, pero la mayoría, a pesar de las palabras del cojo, debían contentarse con los frutos del mar.

Muy de mañana, en el «Palais Royal», cada cual sacaba al sol su mercancía: ratas, ratones hinchados como nabos, trozos de lienzo roto, hojas de col, modestos cinturones. La miseria tomaba forma sobre el polvo, se hacía común en gritos y pregones en francés, en cristiano, en la lengua del lejano Piamonte.

La Navidad pasaba; yo me acordaba de mis años en la Casa, tiempo de poco trabajar, de tibias rosquillas y dorados mazapanes con los que las señoras debían acallar quién sabe qué remordimientos y pecados entre suspiros y atentas devociones. Ceremonias aparte, juegos y libertad levantaban el ánimo en los rincones de nuestro helado patio, bajo los árboles cargados de blancos mechones.

¿Dónde se hallaba mi valor ahora? ¿Dónde aquella familia con la que tanto tiempo me engañé? Navidades y lluvia caían a plomo sobre mí, borrando tan lejanos días.

—Todo esto ha de acabar —repetía el cojo, blandiendo como de costumbre su cachava—. Entonces esta amiga y yo sabremos hacia dónde enderezar los pasos. Mientras tanto, es cuestión de aguantar.

Pero no todos aguantaban. No había pasado una semana cuando cierta noche vi salir al amigo con su hatillo a la espalda. A pesar de que la luna pintaba menguante, enderezó su rumbo hacia la playa. Al punto me hice sombra de él y resbalando entre las zarzas, llegamos hasta la cala conocida. A pesar de las tinieblas adiviné de nuevo aquel trasiego de hombres, de palabras confusas y sofocadas órdenes. La libertad del amigo, de aquel puñado de oficiales parecía al alcance de la mano en una barca concluida apenas, escondida entre los matorrales. Aquellas nuevas herramientas inglesas debieron de acelerar los trabajos y una vez desembarazada de maleza, pude verla tan blanca y dispuesta como mal trazada, pero capaz de salvar la marejada. Sólo faltaba empujarla mas adivinándola bajo el manto cambiante de la luna, recordando mi aventura con el renegado, se me antojaron demasiados hombres para nave tan frágil y mezquina. Entre todos la lanzaron al agua, alzando en ella, como en los barcos grandes, un mástil con su vela y cordaje.

Ahora entendía a donde fueron a parar tantos pedazos de lienzo roto que el cojo vendía con el arroz y los rábanos menudos, aquellas viejas cuerdas de los sacos que tan caras pagaban algunos oficiales. Todo ello estaba allí, reunido en una sola voluntad de huir.

De improviso la maniobra se detuvo. Un revuelo tan mudo y sosegado como el murmullo de antes, vino en el viento de la noche.

—Alguien nos denunció a los españoles —susurró una voz.

Reconocí al instante la del amigo y allá en el horizonte la sombra de una lancha cañonera.

—Nadie se mueva. Es la ronda de la noche.

Los corazones debían batir como el mío a ras de la marea. Asidos a las bordas de su menguada libertad los fugitivos quedaron inmóviles confiando su suerte al capricho de la señora de la noche en tanto yo, esperando a mi vez, me preguntaba si aquel puñado de hombres, a pesar de sus crímenes de Córdoba, no merecía mejor suerte. Luego se me representaban sus desmanes, aquellas víctimas colgadas de los árboles y era difícil para mí apostar por uno u otro bando según la luz menguaba arriba y la lancha seguía patrullando. Recordaba las razones del amigo, las palabras del clérigo en el jardín, aquel sermón del púlpito o la voz del hombre de la levita gris. Todo junto formaba tal laberinto en mi cabeza que el mismo mar y la lancha se borraban dejándome a solas sin saber qué partido tomar, qué decidir. De improviso una voz bien diferente preguntó a mis espaldas:

—¿Tanto te importa la libertad de los demás?

Al punto reconocí a su dueña, menuda y breve, bajo la mancha oscura de la bruma.

—Me interesa sólo lo que me toca.

—¿Por qué no estás abajo?

—Mi suerte no es su suerte, amiga mía.

Me olvidaba del mar, de aquella singular batalla que a mis pies se libraba. De nuevo aquel otro interés, no sé si cuerdo o loco, me llamaba desde aquel cuerpo desmedrado. Pobre de mí, me dije, pendiente de mi libertad hace un instante y ahora preso, envenenado como cualquier mortal por culpa de compañera tan particular. Me acerqué a ella decidido a no dejar escapar la ocasión mas, antes de ponerle sitio, me ganó por la mano reprochándome mi ausencia.

—No ha sido por mi voluntad. Además aquí me tienes renacido, dispuesto a volver de nuevo a tu palacio.

—¿De qué palacio me hablas? —preguntó con gesto grave.

—¡Cuál ha de ser! Aquel de los muros de cristal.

—Quieres decir alguna de esas cuevas donde nos puso el maldito capellán.

Me la quedé mirando sin saber cuáles de sus palabras eran ciertas, si las de tiempo atrás o estas otras distintas y cabales. Quizá su primera aparición fuera tan solo un juego como su mismo nombre, pero, María o no, cuando intenté acercarme me detuvo con un firme ademán.

—Escúchame —insistí—. Hasta las mismas reinas ceden en ocasiones. Baja del trono y yo te he de enseñar cómo gozan de la vida los pobres.

Intenté rodearla con mis brazos mas se me escabullía como un gato, encendida la llama de sus ojos. Se deshacía de mí sin llegar a escapar; por el contrario, quedaba a la espera tan tenaz, desconfiada, que entre el ardor de dentro y los derrotes de fuera, al cabo quedé exánime. Entonces se dignó acercarse hasta casi rozar mi aturdida cabeza.

—Aunque pequeña y sola, sé defenderme como ves. Lo que mejor guardamos las mujeres no se logra a la brava, sino con devoción. En eso nos distinguimos unas de otras.

—Pues a decir verdad —le contesté humillado—, que si ese don de que hablas ha de costarme tanto, puede quedarse para otro que por mi parte no he de dar un paso más, ni moveré una mano, así deba cumplir voto de castidad perpetua.

—¿Quién habla aquí de votos?

Quedamos en silencio los dos, yo maltrecho y ella acechándome tranquila y distante, hasta que volví a preguntar:

—¿Quedamos enemigos entonces?

—Eso en tu mano está.

—¿Cómo puede estar en mis manos lo que apenas toco?

—Has de saber que las mujeres, aún ruines y pequeñas, no enseñan sus encantos a la luna.

Sobre su rostro cruzaban nubes borrando las estrellas. Tan solo el mar brillaba manchado por la sombra de la lancha, en tanto un nuevo viento traía algún recio suspiro de las sombras al acecho en la cala.

—La luna no aparece —dije al fin—. Salvo nosotros dos, nadie aquí arriba acecha. ¿Por qué no ser amigos en esta tierra donde restan tan pocos? ¿A qué esperar cuando ni el día de mañana sabemos si nos pertenece?

—Cada cosa a su tiempo.

—¡Quede con Dios y el Diablo, señora! —me alcé suspirando—. ¡Bastante espera debo hacer por todo! Otro día será, que a buen seguro no han de faltarle clientes mejores.

Me alejé monte abajo sin volverme, no fuera a convencerme aún, como quien queda libre de un enojoso fardo. Ojalá no volviera a verla allí ni en su palacio bajo tierra. Con razón o sin ella, como todas, se notaba que gozaba dejándome acercar para luego rechazarme, quedando eternamente al quite. Quizás era su modo de llenar sus días y plato mas no habría de conseguirlo a mi costa, a cambio de tan magros favores. Mejor dejar a un lado tal empeño y volver al principal de mis propósitos: mi añorada y perdida libertad.

Ya la cañonera no celaba la cala pero la nueva luz hacía más difícil intentar la huida. La barca otra vez se hallaba bajo las retamas y el grupo de oficiales se abría paso al pie de la colina. Quedé a la sombra de los farallones y pude distinguir aquella tropa derrotada volviendo grupas hacia el campamento. Ninguno hablaba; cada cual debía guardar sus fuerzas para otro intento más afortunado; sólo el amigo me pareció que musitaba algo al que a su lado caminaba y que al punto reconocí aunque ya no vistiera su levita gris sino simple camisa de colores. No había muerto como yo suponía, en el incendio de aquella noche, cuando su camarada y yo fuimos tan duramente maltratados, pero algo había cambiado en él o al menos tal me pareció. Su voz se mantenía igual, no así sus ademanes menos tranquilos a medida que se alejaba tras de los oficiales.

XXI

Querido hijo: Aunque sé que los azares de la guerra tal vez impidan que ésta llegue a tus manos, no quiero resistir mi deseo de escribirte. No sé de ti; puede que tú tampoco tengas noticias mías, pero mi vida en este país, a la espera de lo que nuestro Emperador se avenga a decidir, me hace matar el tiempo hablando contigo siquiera sea de esta infeliz manera.

Viva tu madre, a ella me dirigía; solo en el mundo tú, he de tomarte por confidente de mis penas.

Napoleón ha ordenado reunir las tropas que no volvieron a España para formar un regimiento que luche a su lado. Le ha bautizado con el nombre de su hermano, José, aceptándolo la mayoría de los que en él quedamos.

En un principio se nos avisó de que partíamos hacia nuestra amada patria, a luchar por su causa, pero no ha sido así; se usa a nuestros soldados para arreglar caminos y fortines y antes que militares, más parecemos tropa de forzados. Todo se hace por evitar los gastos que acarrea nuestro mantenimiento, de modo que, repartidos a los cuatro vientos, no sé cuándo volveremos a encontrarnos. Hay por aquí buen número de prisioneros espa-

ñoles. No llevan armas; su suerte no se distingue mucho de la nuestra, aunque se encargan en su mayoría de ayudar en las faenas del campo, en segar y recoger cosechas donde faltan las manos. Pero también cavan trincheras, pues corren voces de que la suerte de la guerra, a pesar de la pericia y valor de quienes la llevan adelante, va tornándose cada día más incierta. Nada más por hoy. Recibe mil abrazos de tu padre que espera un día tenerte a su lado si, como aseguras, deseas seguir la carrera de las armas.

El amigo ha guardado la carta hurtándola a mis ojos, mirando al hombre de gris que sin duda la trajo. Como suele volver a leer las que antes recibió, nunca sé si está en su poder desde hace un mes o una semana. Los dos callan, nada dicen de su aventura de la playa, del porvenir que nos aguarda, de noticias que aviven nuestros perdidos ánimos. Los dos se hallan allí, uno callado, el otro pensativo, a buen seguro trazando un nuevo plan, sospechando de mí como si fuera a delatarlos.

—De modo que decidiste no ayudarnos —murmura el de gris súbitamente y, como no respondo, insiste—: Hablo de los pasquines que te encargamos repartir.

Muy lentamente la niebla se aclara un poco en mí. Vuelven el ama del jardín, los azotes y la casa en llamas.

—Según parece —digo— la vida nos separa y une cuando menos pensamos.

—¿Por qué no apareciste?

—Porque no quiso mi señora.

El de gris me da a entender con un gesto que ya esperaba mi respuesta y yo insisto más firme todavía:

—Cuando acudí, ya volaban esos papeles por el aire.

—Eso es cierto también. De todos modos, poco importan ahora. —Y añade para sí—: Napoleón nos traicionó.

—Eso nunca se sabe —responde el amigo con gesto amargo—. Será preciso ganar tiempo.

—¿Ganar? Él prometió ayudarnos.

—A fin de cuentas ha suprimido conventos y comunidades. Hasta han sido abolidos derechos señoriales.

—Está bien —el de gris sacude la cabeza—. Puede que sea como dices, pero creo que nos equivocamos. De nada sirve firmar decretos liberales que luego borra degollando españoles. Nuestra revolución ha de ser obra de nosotros mismos y bien distinta de la suya. En Francia nació de las intrigas de la Corte, la nuestra deberá ver la luz desde el deseo y la necesidad de rechazar a un agresor injusto y poderoso.

Aunque no entiendo bien tales razones, veo en cambio que sus negocios y los del amigo, esa revolución de que hablan, andan lejanos de los míos. Sólo me rozan en lo tocante a nuestra libertad, afán común que nos reúne a todos.

El amigo a su vez, escuchando al de gris, anda en perpetua desazón. A veces mira al mar como acechando a su mayor enemigo. ¿Qué culpa tendrá el mar de nuestros desatinos? Él permanece ajeno a los mortales; no cede, combate y amenaza a pesar de su semblante amable, de sus mareas que arrastran hasta el pie del fuerte, plantas y peces que nunca conocimos. Así nos alimenta y cerca. Así la vida va. Unas veces medrando y otras calmando el hambre con esos caracoles de carne tan dura y áspera que apenas comen los más desesperados. ¿Qué culpa tiene el mar de que la lancha apareciese, de que alguno los delatara a los guardianes?

El hambre es mala consejera y, como dice el dómine, los trances amargos llenan el corazón de ruines intenciones. Cada vez que alguien trata de la fuga frustrada, quien más quien menos, vuelve los ojos al compañero más cercano. No importa; el mismo mar acabará borrando tales sospechas y temores.

Es preciso olvidar y levantar el espíritu, ayudar al amigo que, al paso que va, quizás acabe como tantos, haciendo celda de su choza. Los que en tales locuras dan, pasan sus horas contemplando el mar. Muchos van desnudos por el monte y olvidados del mundo, vestidos de hojas, sólo aparecen para tomar su ración, sin cubrirse otra cosa que sus partes.

Ahora nuestros guardianes quien sabe si avisados, andan alerta siempre, registrando cada embarcación que llega, de la quilla a los mástiles.

—De seguir una semana así —se queja el cojo— será preciso cerrar este negocio.

—¿Y qué esperas?

—Otro mejor, más generoso.

Miro en torno y sólo veo gente vestida a medias, algún roto uniforme y esa lluvia que, de noviembre a marzo, no deja un solo día de azotarnos. El amigo, lavado en cuerpo y alma, apenas come, sólo bebe unas gotas que toma como hiel y se pasa las horas tendido en el catre. No sé si piensa todavía en el padre, o si ha vuelto a encontrarse con el hombre de gris al que seguramente cuenta sus cuitas que a nosotros calla.

—¡*Sursum corda*! Arriba el corazón —le digo, fingiendo una alegría que no siento—. A fin de cuentas nuestros guardianes no tomaron represalias. Eso quiere decir que podéis intentar un nuevo viaje.

Pero nada responde, y en tanto el cojo sale, quedo desafiando el mar que desde el cielo cae.

—Espera, voy contigo.

—¿Para qué? —me pregunta receloso.

—Entre amigos hay siempre que aprender. ¿O es que también tú desconfías?

—La hipocondría sólo la siento aquí —responde posando la mano sobre su magro vientre—. Si quieres venir, ven.

Así llegamos hasta su cantina, antaño bien nutrida y ahora revuelta, barrida de vituallas.

—¿Qué he de hacer? —se lamenta—. El barco del arroz no viene por el temporal; la guerra, según dicen, se lleva las mejores cosechas; los ladrones me roban. Así estoy yo: dudando si cerrar o esperar a que el cielo acabe con todos nosotros.

Oyendo sus lamentaciones no alcanzo a entender la razón de su presencia allí, hasta que al rato, una sombra oscurece la puerta.

—¿Hay alguien por aquí? —pregunta.

—Pasa; sólo un amigo.

En la penumbra reconozco a uno de sus clientes habituales, alto y macizo como un tronco, al que regala con un sorbo de vino.

—¿Vamos allá?

El otro asiente y en tanto yo me maravillo, volvemos a la lluvia, los dos delante, sin cuidarse de mí, yo preguntándome la razón de tales precauciones.

Cruzamos el «Palais Royal» ahora laguna de ciénagas y pozos, subimos por la Colina de los Dragones y ya en la del Catorce, donde el monte se vuelca en torrentes de barro, nos detenemos ante una cabaña más pobre que las otras. Como quien pisa huerto propio, el cojo entra seguido de su compañero.

Llegan primero voces, luego gritos hasta que, al cabo, vuelven arrastrando consigo un trofeo tan triste como flaco. Bajo el viento que arrecia, reconozco a nuestro viejo amigo, el renegado. Toda su fuerza, su antiguo valor, han desaparecido. Sólo resta un montón de huesos que los dos verdugos zarandean hasta hacerle hincar las rodillas en el barro.

—¡No tengo nada! —gime—. ¡Juro que ni un bocado!

—¡Mientes! ¡Tú me quitaste el último pedazo! ¡Por la patena que me lo has de pagar!

—¡Te lo devuelvo en cuanto llegue el barco!

—¡Esa canción ya suena a vieja, amigo!

—¡Piedad! ¡Piedad!

Ni sus promesas, ni sus lamentaciones, hacen mella en la pareja que cayendo sobre él, comienza a registrarlo. Pronto aparece el cantero de pan y el renegado, viéndolo perdido, se alza del barro arrancándolo de sus manos, intentando devorarlo con tales ansias que cuando sus enemigos le detienen, ya más de la mitad, corre pescuezo abajo. Todo es luchar, atragantarse, revolcarse los tres, pugnando el más débil por librarse de un aluvión de bastonazos, una nube de coces que le deja maltrecho y derrotado.

Yo nunca había conocido al cojo así, blandiendo su herramienta con tal saña. Viéndole ante su víctima donde ya amanece la mancha oscura de los golpes, entiendo cómo la guerra y la miseria son capaces de mudar al hombre, total por un cantero de pan que, años atrás, ni siquiera los perros comerían.

Y aún el castigo se hubiera prolongado de no surgir entre la lluvia una figura que, alzando en son de guerra su cachava, pregunta:

—¡Voto a Dios! ¿Qué es este rifirrafe?

—Aquí enseñamos a tu amigo a respetar lo que no es suyo.

—¿Y eso lo dices tú, cojo ladrón?

—Madre, no sabe lo qué dice.

—¿Madre? ¡La que os parió a los dos!

Y alzando la cachava, larga tan recio tarantán que los dos acreedores a duras penas salvan la cabeza.

—No te enojes, greñuda que este pleito no va contigo.

—¿Contra quién si no? «Quien quiere a Juan, quiere

a su can», de modo que respetad lo mío.

La pareja duda en tanto el renegado se alza del barro a duras penas.

—Mirad cómo dejáis a los hombres de bien. Si el mismo Judas resucitara un día, volvería a este mundo, cambiado en usurero y cojo.

En tanto discuten, reconozco a mi vieja. Mal debe andar desde la muerte de su coime para unir su vida a la del renegado. El Señor ha de haberlos reunido para ampararse el uno en el otro a la espera de que la sin nombre se los lleve. Aunque más flaca y negra, con su voz de campana cascada, aún tiene arrestos para poner en fuga al cojo y su azacán, sin hacer caso de sus amenazas. Luego viene hacia mí y exclama:

—¡Ven acá, adúltero, bastardo! ¡Válgame Dios y cómo se te ve de desmedrado!

—¿Quién no lo está, madre, lejos de sus favores y sus santos?

—Ahora te reconozco, sacristán —me responde riendo— en ese *Ora pro nobis*. Algún día llegarás a cardenal. En lo que a mí me toca, aquí me tienes, arrimada a este jumento. Echa una mano, que es de buenos cristianos aliviar a los desamparados.

Entre los dos metemos en la choza al coime, dejándolo en el catre. Apenas se cierran sus ojos, va la madre a escarbar tras de las piedras del fogón hasta encontrar su damajuana, torcida como ella pero más que mediada.

—Toma, galán, vamos a celebrar este segundo encuentro; olvidemos la lluvia. ¿Cómo te va?

—Como a todos: mirando el mar, durmiendo y rascándome, es decir: justo al contrario de lo que me propuse un día.

—Mal día debió de ser ése.

—Según creo, el más equivocado de mi vida.

—La vida —responde la coima— puede esperar. Seguirá donde está, caiga quien caiga, mas la fortuna sólo se pone a tiro alguna vez y hay que andar ojo atento para que no pase de largo. Por lo que yo me sé, hay aquí dos caminos para que un mozo como tú llegue a medrar: uno es el de las armas.

—Aquí no hay armas madre —le interrumpo—. Todas quedaron en Bailén, cuando las capitulaciones.

—Aunque aquí las hubiera, de poco habrían de servirte. Tú no tienes hechuras de soldado.

—Bien me conoce.

—Entonces si tu empeño es salir adelante, sólo te resta, hijo, la Santa Madre Iglesia.

Quedo en suspenso, sin saber qué decir, en tanto la damajuana viaja de boca a boca. De cunero a canónigo se me antoja salto poco seguro y demasiado largo.

—Tiempo y lugar requieren las cosas. El primero no aprieta puesto que aún no te destetaste.

—¿Y el segundo?

—El segundo, déjalo en mis manos que con servir a misa y poco más, yo haré que llegues hasta el púlpito más alto.

—Ayudar sí que sé. Allá en la Santa Casa donde me criaron nadie mejor que yo doblaba las casullas, ni estaba tan atento al vino de los cálices.

—Lo del vino lo creo —replica de buen humor mi cofrade—. Si dabas cuenta de la sangre de Cristo como de esta damajuana, todas las viñas de la Mancha no darían abasto para decir tres misas por semana.

Calla un instante, comprueba si su amigo duerme y sacándome fuera, mira las nubes que ahora el viento convierte en oscuros turbiones.

—Yo sirvo, friego y coso para el gobernador. Araño lo que puedo y ayudo a quien me ayuda; por eso estoy aquí, a pesar de sus órdenes. El capellán tiene necesidad de alguno que le ayude en las misas que dice en el «Palais Royal» para la tropa y prisioneros que, aunque herejes en su mayoría, también cristianos hay, como los mismos españoles. De modo que está tranquilo y espera mis noticias. Y si esto que tratamos se llega a alcanzar, no me resultes flaco de memoria.

—Así haré, madre. Se lo he de compensar con creces.

Mi vieja, echando un paso atrás, me mira de los pies a la cabeza.

—¡Cómo has crecido desde los pontones!

—Hacia lo alto sí. A lo ancho, menguo dos dedos por semana.

—En lo alto se conoce a los hombres —se echa a reír como solía— y en otras cosas, que ahora ya quedan lejos, hijo. A mis años —vuelve a mirarme con melancolía— ya sólo resta conformarse, dormir un poco y vivir lo que se alcance.

—Si de esto salgo con algún beneficio he de honrarla y servirla como antes.

—¡Calla truhán! —me replica volviendo a su cabaña—. Todos los hombres os semejáis en eso.

—¿En qué, madre?

—En prometer y no cumplir. Además el tiempo nunca devuelve lo que roba.

Tal dice y, dando por concluida la visita, torna a su nido en tanto yo, sendero abajo, voy preguntándome cómo me pintará más adelante.

XXII

Alto, enjuto, vecino a la ventana, acariciándose con la mano la quijada, mira al cielo que ya amenaza primavera, sobre la mar teñida de corales. Por su cabeza que empieza a blanquear van y vienen listas de medicinas y de viandas, hamacas, catres para el hospital, promesas incumplidas, socorros que no llegan.

Desde que puso pie en la isla con su magro equipaje, ha pasado muchas horas junto a aquel ventanal, espiando el mar, confeccionando sobre su mesa de nogal, listas que cuida atentamente.

Ahora se ha vuelto y descubriéndome, murmura:

—¡De modo que quieres ayudar aquí!

—Tal se mi mayor deseo, padre.

—Está bien. Di, ¿qué sabes hacer? Quien te recomendó asegura que fuiste sacristán.

—Eso es cierto.

—Pero esta iglesia no es como las demás. Aquí es preciso repartir el tiempo entre el Señor y los enfermos y aun robárselo a veces para ayudar a los que se hallan en el último trance.

—Bien lo sé, señoría. Conozco ese hospital en el que tuvo a bien visitarme.

Se me queda mirando, pensativo y pregunta:

—¿Pasaste por el Hospital de la Colina?

—Así es y como sé que nadie torna de él, considero gracia del Señor salvar mi vida donde tantos mueren. Así la pongo a su servicio ahora.

Echa un vistazo a los papeles y cruza con solemnes pasos la estancia mal iluminada.

—Si diera oídos a tantas peticiones como llegan, me serían precisas veinte parroquias más. —Me examina otra vez, de arriba a abajo—. Pero según tengo entendido, tu vocación es firme.

—Póngala a prueba, padre.

—Así haré. Veremos cómo te desenvuelves.

El portalón de la escalera se abre y otro cautivo de mi edad llega anunciando:

—Padre, ya son las nueve. Cuando quiera empezamos la visita.

—Vamos allá —responde el dómine.

Y yo, no muy seguro, me uno a los dos y al asno que espera abajo, con su carga de pan y medicinas, para enfilar el camino que lleva al hospital.

¡Cuán distinta es la muerte, cuánto el dolor, cuando se ven y sienten desde fuera! Aquellos cuerpos tendidos por tierra, espejos de mí antaño, se me antojan mojones que ahora el Destino pone en el sendero de mi vida. En la penumbra, con ese hedor que deja tras de sí la muerte, las sombras se animan adivinando al dómine y su menguado cortejo, tratando de asomarse a la luz desde la paja inmunda donde yacen. A unos el mal les saca al aire la osamenta, a otros devora de raíz hasta dejarlos convertidos en huertos de heridas; por todas partes se alza un eterno lamentar que parece nacido de la tierra.

—Duro trabajo el tuyo —digo a mi antiguo ángel guardián que por allí se revuelve en compañía de otros.

—De más riesgo los hay. En este encierro, lo peor está

siempre por llegar. —Vuelve los ojos a los que rodean al capellán—. Además, por algo recibimos mejor trato.

—Ni por un saco de pan, curaba esas heridas yo.

—Eso depende, amigo, de la necesidad.

El capellán, en cambio, va y viene sin temor entre su grey, haciendo luz sobre catres y rincones, hablando a cada cual en su lengua tan torpe y vacilante, no satisfecho de su mal francés, ayudándose de gestos y ademanes. Nada de lo que ve parece rechazarle: llagas, ojos velados, heridas donde apuntan los gusanos, rostros donde la enfermedad va dando forma a redondas calaveras, voces clamando a Dios, toses rotundas o flacos estertores.

Salir al tibio sol, sentir en torno el aliento del mar, es vivir otra vez aquel día en que dejé aquel purgatorio. Como si mi destino fuera cosa suya, mi ángel guardián me aconseja, señalando al dómine:

—Tú no te alejes de él si quieres salir de ésta. Pégate a su sotana y obedece en todo. Él es el amo aquí y quien sirve a buen amo siempre se lleva las tajadas mejores.

Desde entonces le sigo por toda la isla, por la Colina de los Dragones o hasta el «Palais Royal» donde los músicos prueban al sol sus instrumentos.

Uno de ellos se ha acercado al cortejo y en buen español declara de corrido:

—Reverencia, mis compañeros de dolor y cautiverio han tenido a bien demostrar su fervor y agradecimiento por cuanto sabemos hace en beneficio nuestro. Es por eso que deseamos obsequiarle respetuosamente con un pequeño concierto.

Y antes de que se digne aceptar o responder siquiera, la improvisada banda ataca una marcha más viva que los que la tocan. Es cosa digna de ver la mirada del capellán que parece agradecerla a la postre.

—No sólo me place —confiesa cuando callan—, sino que os recomiendo perseverar. Aquellos que echan de menos las canciones y sones de la patria sabrán agradecer este concierto aún más que yo, si cabe.

—Por cierto, reverencia —replica el que sirve de voz a los demás—, tenemos otro proyecto el cual nos gustaría someter a su licencia y opinión.

—¿Un proyecto? ¿De qué se trata?

—Con el debido respeto, desearíamos representar comedias.

—¿Comedias? —el semblante del capellán se nubla como cielo en otoño pero el menudo director no se amilana. Por el contrario, dando fe de su conocimiento en tales lides, tras bordar en el aire una segunda reverencia, continúa:

—Hay entre los que aquí estamos, algunos camaradas maestros en el arte de la escena y hallándonos tan lejos de la patria, faltos de todo recuerdo que nos la haga presente, hemos imaginado que ningún otro remedio más eficaz para hacer olvidar tal soledad que algún espectáculo. Nos servirá a un tiempo de enseñanza y consuelo.

Oyéndole expresarse con tan buenas y oportunas razones, otro hubiera cedido sin más pero no así mi capellán que a su vez, pregunta receloso:

—¿Qué clase de comedias queréis representar?

—Ninguna que vaya contra la religión o la moral. Simples cuadros, historias verdaderas.

—Ojo con esos cuadros; podéis hacerlo siempre que lo llevéis a cabo con decoro y modestia.

—Como en la misma catedral.

—A cambio de ello —en los ojos del dómine apunta un rayo de malicia—, quiero veros más a menudo en misa. El Señor también sabe levantar los ánimos.

Los músicos se miran. Nadie se atreve a contestar hasta que finalmente uno murmura:

—Algunos van, señor.

—No tanto como yo quisiera. La música que mejor

suena a los oídos de Dios es la oración de los que más le ofenden o le olvidan.

—Nuestro único pecado fue perder una batalla.

—¿Qué dices tú?

—Digo, Sir, que nuestra conciencia se halla en paz. No hicimos sino salvar el honor de la patria.

El ceño del capellán se alza súbitamente, su rostro se nubla tratando de dominar al grupo que se mantiene firme.

—Si vuelvo a oír tales palabras, podéis dar por anulado cuanto os he prometido. No habrá conciertos ni comedias.

Y volviendo la espalda, manteo al viento, sigue su rumbo en busca de otros feligreses.

XXIII

Pronto caí en la cuenta de que mi nuevo amo gobernaba su grey entre el cielo y la tierra, a ratos ordenando y a ratos cediendo. Ni el comisario ni el gobernador le atajaban el mando, el uno por demasiado riguroso, el otro por demasiado blando. Cuanto entraba o salía del campamento pasaba ante sus ojos, por sus manos, lo cual a veces le traía duros enfrentamientos con las demás autoridades.

—Deje que el tiempo corra, capellán —solían aconsejarle—. El tiempo y nuestro comisario pondrán remedio a todo.

—Bien está remediar —mediaba éste—, pero no a costa del Estado. Han de saber —añadía apuntando a su rival— que se han pedido a la administración nuevos barcos de víveres.

—¿Tan mal andamos de ellos?

—La carne alcanza malamente. Además está tan rancia como el agua.

—¿Pues qué quieren entonces? ¿Comer como soldados?

—Tan solo unos carneros con que atender a los enfermos más graves.

—¡Por la Sábana Santa! —clamaba el comisario—. Ya me dirán qué explica tal festín.

—Si es para el hospital, puede pasar —concluía el gobernador—. Bien pedidos están.

—Pedidos en balde porque no llegarán. El hambre también arrecia en tierra firme.

Oyendo discutir a los dos en el salón de la gobernadora, daba yo en todo la razón a mi ángel guardián que acusaba al comisario de rapaz, de requisar no sólo las raciones, sino cualquier cosa de valor que cayera en sus manos. Llegado allí como castigo o recompensa desde empleos más altos, parecía dispuesto a labrar su fortuna en breve plazo a punta de látigo, con aquella correa que descargaba sobre quien derramara un simple vaso de agua, un puñado de arroz o un celemín de grano. Mi ángel también aseguraba que ambos, el capellán y el otro tan enfrentados en lo particular, a la postre se volvían hermanos. El mismo afán arrastraba a los dos: apartar para sí vino y aceite el uno, el otro ovejas para su redil convertido a la mañana en capilla. Sólo algunos cautivos se resistían negándose a aceptar amenazas o premios, sin querer saber nada de misas ni sermones. Cerrados en sí mismos, cumplían sólo el reglamento, arriesgando la vida en ocasiones.

Yo en cambio me pegué a mi capellán en cuerpo y alma. Muy de mañana le ayudaba a vestir, tomaba vasos y ornamentos y le asistía en todo, desde el altar al hospital, desde el puerto a la Colina de Dragones. A veces me tocaba cargar con sacos de rábanos y coles que iban cambiando aquellos primitivos jardines en huertos generosos. Mas sucedía que volviendo al cabo del tiempo, encontrábamos aquellas siembras arrancadas, comidas por los que un día las plantaron, incapaces de esperar a que medraran. Casi todos se negaban a aceptar algodón.

—¿Por qué lo rechazan? —me preguntaba mi amo.

—Dicen que si es para vestirse, quiere decir que su encierro va para largo.

—¿Y qué quieren? ¿Andar desnudos como los animales? Entre coser o hilar, antes les llegará la hora de su libertad.

Así la fama del capellán crecía, tanto que la capilla quedó chica y fue preciso levantar un nuevo altar en la colina. Era cosa digna de ver aquella turba en cueros encaminándose a la cima desde los cuatro vientos. En un principio se acercaban pocos más, día tras día, fue el número aumentando hasta no dar abasto el capellán a confesar a todos.

—¿Qué pecados crees tú que contarán? —le preguntaba al ángel—. Esta vida no ofrece tantas ocasiones.

—Tú eres joven aún pero donde se vive y duerme tanto tiempo juntos nunca faltan motivos para gozar a costa de los otros.

Yo, como de costumbre, le daba la razón recordando mi aventura con el bujarrón y su coima. A decir verdad, no les guardaba ya rencor viendo mi suerte mejorada. También volvía a mi memoria la pequeña María quién sabe si en su mansión del monte o en la huesa. En todo ello pensaba mientras los pecadores vaciaban el saco en los oídos del dómine.

—Más que a lavar pecados —murmuraba el ángel—, vienen por la ración.

Tanto daba. Yo seguía ayudando al capellán entre el tedio y el sueño, respondiendo sin olvidar palabra para que el *Misa Est* no me pillara con los ojos cerrados.

Un domingo, apenas empezado el evangelio, vino del fuerte el rumor de un cañonazo. Hubo un momento de duda en todos; incluso vacilaba el dómine en tanto yo, volviéndome, alcanzaba a distinguir en la playa un huracán de prisioneros camino del puerto. Allá en la arena, un patache español de los que nos abastecían, se hallaba a merced de las olas. Allí luchaban pordioseros y marinos, remos y puños, cueros al aire contra raídos uniformes.

El capellán alivió su tarea cuanto pudo y en un decir amén la despachamos cuando ya gran parte de los fieles desertaba. Yo, en cuanto me vi libre, me uní a ellos llegando antes de que la escaramuza concluyera. Vi al cojo en primera línea, junto al de gris, arengando a la hueste que asaltaba el barco. Caían sobre la playa sacos de alubias y herramientas, carne y tasajo entre gritos de cólera y algún pistoletazo. Tras el vaivén incierto de la suerte, quedó el patache a merced de los cautivos que tomándolo se alejaron un tanto esperando alguna ráfaga de viento.

—Mal día para salir a alta mar —murmuró el cojo señalando el cielo raso.

Pero el viento quiso prestar ayuda a aquella grey de locos y de pronto la brisa roló, soplando desde el cerro cercano. Apenas se hinchó la vela, un grito de los que en tierra quedaban, llegó del malecón:

—¡O nos salvamos todos; o no parte ninguno!

—¡Si escapan pagaremos por ellos! ¡Nos quitarán el agua!

—¡Nos dejarán en nada las raciones!

—Nos matarán de todos modos —murmuró sombrío el de gris.

No fue preciso el celo de nuestros guardianes. Otro nuevo clamor vino desde la playa y un diluvio de piedras y cascotes que, cayendo sobre la embarcación, a punto estuvo de volcarla. Triste final el de aquellos infelices rendidos por sus mismos camaradas. Para algunos acabaron allí vida y esperanza, otros buscaron en el agua alivio a los primeros culatazos, en tanto el renegado y los demás intentaban volver a las cabañas nadando en torno al fuerte, escondidos en el agua.

—A alguno le salvará la noche —murmuró el amigo— si no deciden rastrear el monte.

Pero nuestros guardianes no parecían preocupados por su suerte. Ahora hacían recuento de muertos y heridos y se debían dar por satisfechos.

—¿Qué otra cosa querían para apretarnos más? —murmuró el cojo—. Por culpa de unos pocos arreciarán las represalias.

—De todos modos —repuso el de gris— si tienen a quien castigar antes les pasará el enojo.

—¿Y si siguen igual? —me atreví a preguntar.

—Si no cambian, será como en Madrid con los que ayudan al Emperador.

—Santas noticias —dijo con sorna el otro—. También nosotros le servimos y hasta comimos de su mano.

—¿Qué remedio quedaba?

—Lo mismo dirán todos.

—Pues aún así —insistió— yo cambiaba la Corte con esas cárceles que dicen por este nido de piojos y soplones.

—Allí tampoco faltan delatores —repuso el de gris—. Las cárceles están a tope. Por todas partes llueven listas; el que puede se va y el que se queda nunca sabe si amanecerá libre o no según la guerra traiga o aleje a los franceses.

Todos callamos, mirando sin querer al horizonte como siempre que de libertad se hablaba. Ahora el castillo nos dominaba con su sombra que parecía guardarnos como eterno vigilante.

—Sólo nos queda preparar otro plan —anunció el de gris—. Y contar esta vez con mejor suerte.

—En ése no entro yo —afirmó presto el cojo—. Si es verdad lo que cuentas, malo será ganar la costa porque nos colgarán nuestros hermanos y si, por el contrario llegamos a esa Francia que dices, no nos irá mejor como españoles. Volverán a encerrarnos.

—Entonces, ¿qué propones tú?

—No lo sé —me contestó dudando—. Quedar al pairo hasta ver cómo amanece.

—Algún día amanecerá tan cerrado que de poco va a servir despertarnos.

—Quizá tengáis razón —se entretuvo trazando con su bastón una red de caminos en la arena—, mas no hace falta saber mucho de mar para entender lo que dice el sentido común. El mejor modo de salir de aquí no es robar una barca como ese hatajo de infelices, ni hacerla con tablas y clavos para que dure menos que un suspiro en saliendo a alta mar, sino confiar en alguno que os ponga a salvo más discretamente.

—¿Y dónde está ese mirlo blanco?

—Es cuestión de buscarlo con cautela y paciencia. Luego tratar con él y una vez conformes en el precio, ponerse en sus manos.

—Luego nos venderá a los españoles —concluyó el amigo en tono áspero.

—En toda operación hay riesgo —el cojo lo miró de soslayo—. Quien no quiera afrontarlo no espere beneficio.

De nuevo la libertad rondaba más allá de las nubes, de aquel sereno mar donde un par de pataches se afanaba. La firmeza del cojo, su modo natural de explicar el proyecto ganaba incluso al de la levita que consultó con sus ojos a los otros. Al fin se volvió a él preguntando:

—¿Te encargas tú del trato?

—¿Por qué yo que no embarco?

—Justamente por eso; nadie sospechará. Además tú conoces mejor a todos los marinos y patrones.

—Yo no prometo nada, pero ir juntando la bolsa con que pagar el viaje. —Y adelantándose a nuevas cuestiones prosiguió—: Apuntad alto porque la libertad no tiene precio. Como todo en la vida depende de la necesidad y el trato. Sólo la muerte toma lo que quiere, sin dejar nada a cambio.

Sin más, allí nos separamos; los dos amigos juntos como solían, con sus medias palabras y sus secretos comunes, en tanto el cojo y yo calculábamos el éxito de la futura operación.

—¿Crees que saldremos con bien esta vez?

—Eso nadie lo sabe —se encogió de hombros—. Hace un mes fusilaron a tres que descubrió una cañonera cuando ya escapaban. No se lo dije a los amigos por no menguar sus ánimos pero algo debió cambiar en tierra firme porque oí que están a punto de doblar la vigilancia.

—Eso siempre se dice.

—Aún así —movió pesadamente la cabeza—. Si el negocio no se hace limpio y presto podéis contar con pasar aquí otras Navidades.

La noche se nos fue en cavilaciones. De improviso rayando el alba, se nubló la entrada de la choza dando paso a nuestro renegado. Parecía incapaz de mantenerse en pie y ayudándose de manos y pies fue a caer a los de su enemigo.

—¿Qué vienes a llevarte ahora?

El otro no contestó. Traía en rostro y piernas señales de su reciente batalla con el mar prolongada después en los oscuros pagos de la costa. Había en sus ojos tanta desventura que a punto estuvo de ceder. A fin de cuentas una noche no suponía plazo demasiado largo, pero el cojo amenazó inmisericorde:

—Si lo admitimos hoy, mañana hará otra vez su nido entre nosotros. Tendremos que cargar con él hasta que venga a recogerle su prójima. A fin de cuentas salvó la vida por segunda vez. Mal puede quejarse de su suerte

—¿Y si lo encuentra la patrulla?

—Los centinelas debieron dar por concluido el día. Ahora estarán cenando; no vendrán por aquí.

Alzamos al renegado y lo empujamos fuera. Nada se oía; tan solo el respirar del mar y el eterno murmullo de la brisa. Comenzó a caminar dando bandazos; luego como si las estrellas le orientaran, se alejó arrastrando los pies desnudos hasta perderse en las tinieblas por el sendero de retamas que dominaba la cercana colina.

XXIV

El cojo y yo, entre la multitud que llena, atenta y apretada, el corral de maderos mal trabados, vemos el ir y venir de los cómicos pintados, lanzando al aire espuma de palabras. Nada entendemos; el cojo bosteza, pero los demás, en torno, sí deben de sufrir con lo que arriba cuentan, en el mísero estrado adornado con viejas telas y ramos. Sus ropas son trozos viejos de uniforme que cubren mal sus carnes. A mí me traen a la memoria aquellos otros de los teatros que por fiestas nos escapábamos a ver los de la Casa de Expósitos, aprovechando el sueño del portero una vez la función empezada. Aquellos cuadros eran más alegres, la gente aplaudía con mayor entusiasmo cada vez que alguna buena hembra mostraba al aire la blanca enseña de sus corvas, hacía ademán de soltarse el corpiño o mostraba sin más sus tetas poderosas

Aquí no hay nada de eso. Sólo frases solemnes que a mi entender tratan de herejes y paganos, pero que a los franceses han de sonar a cánticos de gloria según escuchan de atentos y callados.

Sólo renace la alegría cuando, valiente y decidida mostrando al sol lo que el Señor le concedió, aún men guado por el miedo al dómine, aparece la simpar Jacquetta. Entonces hasta aquellos que en los rincones duermen, despiertan como si en el estrado apareciera el mismo Emperador. Sus labios dicen una canción que les debe sonar a cosa y tierra suya; la música se aviva y al final, cuando se corren las cortinas, suele llegar la apoteosis.

Siempre es así. Tantas y tales son las ovaciones que, Jacquetta canta a veces hasta caer la noche. Se le conocen multitud de amigos; unos ciertos, otros tan solo de corazón, pues a nadie rechaza por cuestiones de rango o galones.

—A ésa sí me la llevaba yo a la choza —murmura el cojo camino de la puerta.

—Ahora anda en manos de un caporal.

—Esperaré mi turno.

—Seremos viejos, cuando la vez te llegue.

—Viejos o no, algo nos llegará. La que tuvo, retuvo.

Cuando Jacquetta sale con su caporal que la cela y defiende, los demás se hacen a un lado sin cesar en sus aclamaciones. Todos la miran. Todos olvidan por un momento sus quebrantos, salvo el amigo que lejos de todo, nos espera callado.

Viéndonos, su rostro se ilumina.

—¿Sabéis la novedad?

—¿Qué nueva es ésa? —pregunta de mal grado el cojo, intentando olvidar sus ilusiones.

—Los oficiales han escrito al almirante inglés.

Los dos callamos sin entender.

—¿Y qué nos toca en eso? —insiste el compadre.

—Que el almirante negociará el rescate.

—¿Y por qué nada más los oficiales?

—Por su grado, han de ser los primeros en todo.

—Que yo sepa —murmura hostil el cojo— todos nacimos de una misma madre.

El amigo calla. Se ve que la noticia le suena a libertad antes que el plan del otro y por saber si ando en lo cierto, apunto:

—Mientras allá en el fuerte, no firmen el *nihil obstat* me parece que nadie, oficial o soldado, ha de salir de aquí.

—Tú no sabes cómo son de testarudos los ingleses.

—Pero conozco al comisario.

—Órdenes son órdenes. Además no será tan duro como dicen.

—Y aún más. El tiempo me dará la razón.

Desde aquella ocasión me mantuve a la espera del emisario que había de venir por mar para arreglar el trato, mas los días pasaban y ningún barco rompía la mansa tregua que anunciaba de nuevo primavera. Sin embargo algo se maliciaban en el fuerte pues, según les servía la comida, ninguno de los invitados escondía su esperanza a la hora del café servido en el rincón más tibio de la sala. Siempre acababan hablando del Emperador, de la cambiante suerte de sus armas, de si pactaba o batía a los austríacos o si la escuadra de un lugar que llamaban Tolon, llegaría a la postre a rescatarlos. Era de ver al oficial de turno luchando por frenar sus entusiasmos, frente al ceño del comisario cuyas pupilas ardían como rayos.

—Ustedes, los franceses —estallaba a la postre— piden trato especial, cuando medio país sufre continuos saqueos de sus tropas.

—Monsieur —le respondía el oficial en su español titubeante— tales males son comunes a todas las guerras. Cada país sufre heridas semejantes. La Historia nos enseña...

—No hay más historia que nuestra salvación. Los presos, presos son.

—También hay en Francia cautivos españoles. Tan

solo se propone un trato: cambiar unos por otros.

—No seré yo quien lo acepte. Antes debieron quedar muertos con gloria que vivos deshonrados.

—Tales palabras son crueles, señor.

—Tales palabras no son mías; son del Emperador.

El oficial callaba y, como de costumbre, mediaba el gobernador que, en tono más suave, concluía:

—Ea, señores; haya paz en la guerra que no estamos aquí para batirnos sino para colaborar. Tiempo vendrá en el que todas las naciones se reúnan en un solo deseo de paz, en una edad de oro que aleje para siempre, intereses mezquinos y rencores.

Oyendo tales deseos, tan hermosas palabras, el capitán sonreía para sí, en tanto el dómine se exasperaba. A duras penas guardaba silencio y sin poder dar salida a la vena iracunda de sus labios, bebía a sorbos su café luchando por no derramarlo.

Así llegó a cumplirse un mes hasta que cierto día, hallándome de excursión en la cocina por si podía apañar algo, de nuevo retumbó el cañón del fuerte. Me asomé a la ventana y vi a una tropa de oficiales correr hacia la playa donde ya el gobernador trataba de calmar a los más impacientes. Cuando me reuní con ellos le oí recomendar:

—Sosiéguense señores; todo ha de hacerse con la más rigurosa disciplina.

La mayoría dudaba. Aún se acordaban de Bailén y temían que aquella otra gestión no llegara a buen fin por culpa de los españoles. Sin embargo, mediada la mañana, ya estaba el papel firmado con el sello y la rúbrica de las autoridades. Se aceleró el embarque cuanto fue posible y, uno por uno, fueron subiendo a cubierta desde el nutrido grupo que en el puerto esperaba. Todos vestían los viejos uniformes salvo el último que al punto reconocí.

—¿También se va? —preguntó el cojo a mi lado.

—Eso parece.

—Pero él no es de la tropa. ¿Por qué razón tiene trato especial?

Entre los oficiales, cerca del capitán que con él conversaba en el malecón, aparecía nuestro amigo de gris, vestido como le conocí, con levita y zapatos. A un lado su compadre de silencios parecía más melancólico que nunca. Viéndonos acercar, clavó los ojos en el barco.

—¿Tú no marchas con él? —preguntó el cojo a mala fe.

El amigo no respondió. Su mirada fue suficiente para hacerle callar. Ahora aquella alegría con que nos diera la noticia parecía borrada por el desencanto.

—Bien se ve —insistió el otro— que no estamos hechos del mismo barro todos. Unos se quedan y otros parten. Si alguien se acuerda de nosotros será en el paraíso de los bobos.

—¡El Emperador nos sacará de aquí! —gritó una voz entre los que quedaban.

—Di mejor que nos enterrará —repuso presto el cojo.

El hombre de la levita gris vino a zanjar la cuestión acercándose.

—Buen viaje y buena suerte —murmuré estrechando su mano.

—Cuando salgas de aquí, si algún día te acercas a Madrid, toma este nombre y señas. Te pueden valer. Son de un amigo mío.

Me tendía un pliego escrito como quien da un orden, con aquel modo suyo de hacerse obedecer, dejando al tiempo libre al mensajero. Luego volvió a despedirse del amigo, pero allí no hubo palabras, sino un abrazo tan prolongado y fuerte que sólo la voz del capitán fue capaz de separarlos.

Cuando el amigo quedó a solas, le vi secarse el rostro

con las manos. Alguno desde el malecón lanzó un nuevo «*Vive l'Empereur*» pero esta vez muy pocos contestaron. Hasta calló el compadre acechando todavía el barco.

A fin de cuentas el cojo y yo quedábamos tal cual. Tan solo él parecía más huérfano que antes.

XXV

Tal como el comisario amenazaba, la marcha de los oficiales trajo consigo más mal que bien para la tropa. Ahora, sin mando, campaban a su antojo músicos y peones, mendigos y usureros, víctimas todos de los primeros fríos de noviembre.

Hasta algunas de las mujeres escondidas se arriesgaban, como Jacquetta, a desatar las iras del capellán, vendiendo sus favores a cambio de un pedazo de pan o un retazo de lienzo con que cubrir sus magras carnes ya poco tentadoras.

Mas el tedio y la necesidad suelen borrar lo que los ojos cantan y aquellos agujeros en la cima del monte pronto dieron cobijo a pobres bacanales donde quedaron enterradas las escasas ganancias que procuraba el mercado con los españoles.

Callaron para siempre los conciertos del «Palais Royal» y hasta el teatro tuvo mal fin, debiendo suspender sus representaciones. Todo fue bien en él hasta que, al director deseoso de hacer presentes otras habilidades, se le ocurrió ofrecer un drama que llevaba por título «Miserias de Cabrera».

Fuera por vernos retratados o a causa de aquel negro humor que nos comía a todos, desamparados de los mandos, el caso fue que, mediada la comedia, cayó sobre ella tal lluvia de cascotes que acabó para siempre con el pobre escenario. Ni siquiera la gran Jacquetta se salvó y a pesar de su celoso caporal, debió volver al oficio anterior, menos lucido pero más provechoso.

Quedó el teatro abandonado y nadie, con las lluvias en puertas, tuvo valor ni ganas de volver a levantarlo. Por todas partes sólo nacían rostros hostiles, tibios presagios de un final temido, a la espera de la muerte que para muchos vino, callada en un principio, después precipitada y a la postre implacable.

Empezó con una suave y taimada brisa. Luego el viento se revolvió contra la costa, empujando pesados nubarrones. Aquello parecía amagar y no dar, asustarnos para nada y a pesar de la cólera del viento, aún el altar se alzaba en la colina, en tanto que a la tarde proseguía el paseo del malecón a la bocana. Incluso el sol se asomó entre las nubes como un náufrago más en aquel cielo tan revuelto y bajo. Fue su postrer adiós antes de que, a la noche, comenzara una lluvia desconocida, desatada.

Hervía la colina en arroyos hinchados, en pozos a reventar, en gente alzada cavando canales, preparando trincheras, achicando lagos con cuencos y azadones; pero el agua, borraba a su paso huertos, moradas y pretiles.

Más tarde echó por tierra las cabañas. Techos y muros fueron a dar al mar que aventó sus maderos hacia los cuatro vientos, alzando por toda la colina un oscuro clamor de maldiciones. Viendo que el viento no cedía, contemplando de día la colina arrasada por el castigo de las nubes, todos pensamos que nuestro fin se avecinaba.

En la segunda noche alguien gritó: ¡El hospital del cerro se hunde! y allí acudimos cuantos aún conservábamos fuerzas y ánimos, yo recordando mis días pasados en él, otros en busca de amigos o compadres. Cada intento de acercarnos a la cima chocaba con aquellos arroyos antes mezquinos y ahora torrentes poderosos con su corte de peñas y postes, empujados, colina abajo como temida tropa de dragones. Era inútil lidiar con ellos, intentar detenerlos. Tan pronto embestían como amenazaban; rompían el manto oscuro de la loma, entre el fragor de los que huían tratando de ganar la cima, saltando sobre cuerpos a la espera de un final misericorde.

—¡Arriba camaradas! —gritaba una voz—. ¡Del mar hemos venido, y si es preciso en el mar acabaremos, pero antes muertos que rendidos.

—Más que tormenta es vendaval —replicaba el cojo, luchando por salvar sus bienes.

—En peores nos vimos.

Pero meses atrás o en los pontones, los ánimos no andaban como ahora, huérfanos de moral y disciplina.

—Es cosa de aguantar. Al cabo escampará.

—Mejor dirás que arrecia.

—Arrecia para volver a vaciarse. ¡A este paso acabamos en el mar!

A lo largo de cuatro días con sus noches siguió el temporal. Cuando aflojó por fin, descubrimos sus estragos. Nada quedaba en pie del hospital, ni tiendas, ni almacenes; tan solo un lodazal donde revueltos, como en un campo de batalla, manojos de cadáveres se aferraban aún a las zarzas y los árboles. El viento en calma abría paso sobre la colina, a un silencio sin llantos y sin lágrimas, prendido a pies y manos que, nacidos del barro, aún parecían acusar al cielo de su muerte.

—Bien, aquí acabó todo —sentenció el amigo—. Sólo queda enterrarlos.

Desnudos, como recién venidos a este mundo, fueron cumpliendo su postrero viaje a la fosa común que fue preciso cavar cerca del cementerio.

Tras la oración del dómine, los más sanos llevamos al hospital a los heridos hasta llenar del todo aquella sala que tan bien conocía. Ni hamacas ni camastros eran ya suficientes; fue preciso cubrir el suelo con mantas y paja que secamos en una hoguera improvisada. Los cuerpos estorbaban el paso; apenas éramos capaces de evitarlos, luchando por hacer pie en aquel mar de miembros desgarrados.

Y en uno de mis viajes, al amparo de la mezquina luz que las nubes celaban, reconocí de pronto un rostro amigo. Me alejé del capellán que, asistido por otros ayudantes, consolaba a los más desamparados y acercándome a aquel soldado bisoño, me arrodillé a su lado.

—¿Desde cuándo llevas ese uniforme? —pregunté a media voz.

Puede que no me oyera, tan cerca parecía de la muerte, y por si acaso erraba, repetí:

—¿Qué hace su majestad aquí?

La cabeza, con el pelo cortado a trasquilones, giró muy lentamente y entonces comprendí que me hallaba en lo cierto. Allí estaba con sus ojos otra vez apagados y remotos, lejos de su palacio de cristal, vestida de soldado a buen seguro para evitar las iras de nuestro capellán, arrojada de su refugio que nunca volvería a visitar, sola entre tantos hombres. Nada decía quizá porque la voz del corazón no llegaba hasta sus labios inmóviles.

—¿No me recuerdas? —pregunté de nuevo.

Mas tanto afán se hundía en el pozo vacío de sus ojos, arrastrándome a ellos.

—No temas; nadie sabrá de ti. Te sacaré adelante. Tú espera y calla como ahora. Yo velaré tu sueño; o valgo poco o te devuelvo a tu palacio tan viva y sana como antes.

Desde entonces salvar a la pequeña María se convirtió en la razón primera de mi vida; ambos destinos se hicieron parejos hasta hacerme rondar eternamente en torno al hospital que un día prometí no volver a pisar. Aproveché mi condición de enfermero y sacristán para entrar y salir cuando me convenía, apartando para mi amiga cuanto de bueno hallaba en la cocina: buen caldo de la olla, algún puñado de guisantes, rebanadas de pan tan tiernas como el corazón de la gobernadora.

—¡Por Cristo! —exclamaba el furriel, viendo tan limpios platos y alacenas—. Desde que estás aquí, nunca te vi con tanta hambre.

—Me ha vuelto sirviendo al capellán. Con tanto madrugar y barrer nunca me voy al catre antes de media noche.

—Eso será. Veremos si la despensa lo resiste y el comisario no lo nota porque mide y pesa hasta un grano de arroz que se quede en la mesa. Bien es verdad que no te luce mucho. Otros con menos aparentan más.

Yo callaba y viéndole alejarse, apenas el café servido, volvía a mi avío, tornando al catre de mi amiga con la cuchara y escudilla prestas. Atrás quedaban las disputas sobre la suerte del Emperador, sobre si Dios y sus apóstoles amparaban a los franceses o a los españoles. La pequeña María me esperaba convertida en alevín de soldado, con la vida asomando sólo a sus ojos y su boca.

Tal como vi de chico hacer a las amas de los cuneros con renta, así le iba acercando la cuchara a los labios, tratando de romper su terco afán con palabras medidas y esfuerzos razonados.

—Hoy toca sopa boba, amiga. Digo boba por ella, no por ti. Vamos, consiente y come que viene de buena mesa y sabe a gloria. Sin vajilla de plata ni manteles, en un par de semanas, verás qué buena medicina es ésta. Has de andar tan despierta que, viéndote, te nombren por lo menos capitán.

Hasta que cierta tarde, revolviendo alacenas como

siempre, fui a darme de bruces con una joya largo tiempo buscada. Era un huevo, alhaja tan delicada como turbia y oscura la conciencia de su amo, fruta del Paraíso Terrenal que a buen seguro se halla empedrado de ellas. Viéndola allí en mis manos, mis ojos se entornaban, mi lengua se convertía en lago, el vientre retozaba como campana en fiestas, dudando si hacerla mía o no, si arriesgarme a afrontar las iras de nuestro comisario. Pero más que la lengua y los ojos se alzaba la figura de mi amiga, con aquellos maltrechos pantalones, su rota casaca y su pelo perdido a golpe de tijera.

Tomé la joya y escondiéndola en mi mano, bajé a la cocina, esperando a que el furriel quedara a solas. Ya viéndome, aunque algunos favores me debía, abrió fuego dudando:

—¿Qué negocio te trae por aquí hoy?

—Un poco de agua y leña, como siempre.

—De eso se encargan los del almacén. Yo sólo sirvo el rancho.

—No es asunto de tropa sino particular. —Y para hacer más fuerza le mostré mi pulido talismán.

Lo tomó con cuidado, tal como el caso merecía, y volvió a preguntar:

—¿Es para el capellán?

—Anda tan delicado que se lo han recetado cocido y solo, uno por día.

—Aunque un poco pintón, no quedará del todo mal. —Y viéndome dudar, añadió, ya con el agua a punto:

—Se lo haremos al baño María.

La otra María lo recibió con mayor entusiasmo que aquella eterna sopa y las habas de siempre. Con los ojos ya menos apagados siguió la maniobra de separar la cáscara del nido y esta vez no fue preciso forzarle a abrir los labios. Todo se llevó a cabo tan en silencio y llanamente como si recibiera el cuerpo del Señor de las manos del dómine, en tal éxtasis quedó. Sólo faltaba ahora hacerme con algún hierro o llave capaz de abrir aquel maldito armario de nuestro verdugo para librarla de su prisión definitivamente.

Tales eran mis cálculos cuando sentí sobre mis hombros una pesada mano que me hizo chocar diente con diente.

—Mucho cuidas de tus amigos, compañero.

Volví la cabeza y vi a mi ángel guardián.

—¿Cómo ha de ser si no? Así lo recomienda el Evangelio.

—Es cierto, pero según parece hasta en el mismo hospital hay privilegios. Unos malviven a sopa y pan, en tanto que otros reciben algo más.

—Hoy por ti, mañana por mí.

—No seré yo quien vaya en contra de tan sabia regla. Esa amistad que dices salva más vidas que el mismo capellán y como prueba de la mía, voy a enseñarte cómo encontrar vitualla para quien tanto estimas.

Fue y volvió presto con un agudo palo, ordenándome:

—Busca otro igual.

Me llevó luego consigo, dejando atrás peñas y cabos, hasta alcanzar una ensenada. En ella la marea subía pero las olas llegaban blandas hasta nuestros pies. Mi compañero se metió en el agua esperando paciente, moviendo el fondo con tan rara herramienta. De pronto me gritó:

—¡Clava ese tuyo ahora!

Le obedecí y entre los dos sacamos un fruto rojo y singular desconocido para mí. No era ninguna trucha o barbo. Parecía un montón de jaramagos, batiendo el aire con sus muchos brazos, vomitando negra saliva como tintero de escribano.

—¡Písale la cabeza!

Tal hice a mi pesar, con desazón y aquel bosque rabioso, se vino abajo entre estertores.

Más semejaba planta que animal, pero, una vez en la cazuela resultó blando y gustoso, padre de tan sabroso caldo que a punto estuvo la pequeña María de quedar sin probarlo.

Desde entonces, si el día lo consentía, allí en la playa estaba con mi lanza de palo, dispuesto a no perder ocasión de que el mar nos devolviera la salud.

—¿Qué tal? —me preguntaba el ángel—. ¿Cómo le va a tu amigo con el nuevo remedio?

—Tan bien, que no se aviene a tomar otro aunque el médico se lo recomiende. Así me tiene, todo el día en la playa buscando donde hincar el rejón.

—Anda con ojo, amigo. Por practicar la caridad, vino al mundo la peste.

—Eso me temo y que se agote la cosecha.

Pero el mar, por entonces, no nos negó sus frutos aunque otros como yo lo trabajaran. Unas veces nuestro enemigo se defendía con saña, otras teñía el agua con su negra baba que más tarde, en el fuego, se volvía toda roja. De este modo fui sacando adelante a mi amiga, tan lozana como aquel nuevo año que, una vez más, sobre la isla renacía.

XXVI

Viéndome entrar con mi nuevo acompañante, gritó el cojo:

—¡Cuerpo de Dios! Éramos pocos y nos traes uno más.

—Donde cabemos tres, bien pueden caber cuatro.

—Tu nuevo amigo tiene hechuras de bisoño. ¿Es francés?

—De la última remesa. Las levas apuran cada día más, pero no te preocupes. Ya buscaré acomodo en otra parte.

—Allá tú con tu gusto, pero maldito si entiendo tanto interés por traer nuevos huéspedes.

Viendo hacia donde los tiros apuntaban y temiendo acertaran la verdad, me despedí fingiéndome ofendido y tomando de la mano a mi amiga, salí de la cabaña seguido de mi antigua corte.

Quizá, de haber contado la verdad, hubiera sido mejor recibido pero así viene ser el celo entre los hombres. No consentían traición en la amistad pero en cambio hubieran visto con benévolos ojos al nuevo compañero convertido en coima.

Pensando en el rigor del capellán, mal podía revelar su verdadera condición y entre ambos fuegos, decidí apostar a todo o nada, confiando mi suerte a mi amigo el guardián.

—En lo tocante a habitaciones —me respondió rascándose el mechón sobre la frente—, no faltan en el fuerte, mas tan desvencijadas que sólo las palomas buscan refugio en ellas. Si os quedáis en alguna, yo haré los ojos ciegos con los jefes.

Así quedamos como las golondrinas en la torre, vecinos de la mar, compañeros de gaviotas y halcones.

En tanto yo ayudaba al dómine, la pequeña María quedaba mirando las goletas inglesas que ahora, tras el desastre de la lluvia, nos visitaban más a menudo que antes, cargadas de noticias y vituallas.

Cierta tarde, mientras servía el café, escuché por vez primera el nombre de una tierra o país, tan cubierto de hielo y nieve que acabó por derrotar a los franceses. En cuanto me encontré con el amigo me faltó tiempo para dar la novedad.

—Eso son invenciones de españoles.

—Lo ha dicho un capitán inglés.

—Tanto da. Todo el mundo conspira en contra del Emperador.

—Es verdad. Sobre todo los hielos y los ríos.

—No sé qué río es ése.

—Un río que dicen Beresina. Según el capitán, quedó tan lleno de cadáveres que ha convertido regimientos enteros en simples pelotones.

—Nada es cierto. Ninguno sabe nada.

Era verdad tan solo en parte. Los avatares de aquella guerra ya perdida para tantos llegaban puntualmente en la voz de los nuevos prisioneros. Recién desembarcados, desdeñando consejos y advertencias, tan firmes y enteros como si, antes de un mes el mismo Emperador viniera a rescatarlos, nada guardaban. Entre burlas y chanzas dormían al sereno, vendían su calzado y ropas mofándose de los veteranos.

—En el otoño nos veremos —les emplazaba el cojo, pero ellos no entendían, y, con el plazo por cumplir aún, supieron a que se refería. Ya las raciones no les alcanzaban y con la lluvia amenazando, desnudos como perros, les fue preciso buscar refugio entre las rocas, tan húmedas y frías, que en poco tiempo acabaron con ellos. A uno que, por más cuerdo salvó la vida, le cambié yo una cruz por unas cuantas coles.

—Tómala en buena hora —me la entregó arrancándola del cuello—, quizá te traiga mejor suerte que a mí.

Yo la tomé en mis manos y olvidando sus lamentaciones, se la ofrecí a mi amiga que, viéndola tan dorada y reluciente, preguntó asustada:

—¿Es para mí? ¿Dónde la robaste?

—¿Y para quién si no? Cada cosa ha de ser para quien la merece.

Dudó un instante y como descubriéndome por vez primera, se echó atrás la casaca raída dejando al aire el cuello firme.

—Ponla tú en su lugar.

Necio de mí; después de tantas muertes, mis manos temblaban como si el mismo capellán nos acechara.

—Ahora que ya has cumplido, ven y recibe el premio que mereces.

Dicho esto, echó en torno de mí la otra cadena de sus brazos. Nunca creí que fueran a la vez tan menudos y amables, capaces de hacerme olvidar anteriores desaires. De golpe borraban, junto al hambre y la sed, al ama en su jardín, quién sabe si malcasada ahora. Eran en fin, lazo valiente y viento soberano, lluvia de sol muy tibia y transparente, nacida de aquel cuerpo vestido de soldado. Y el cuerpo entero salvado de la muerte, fue naciendo tranquilo bajo la sangre de su boca, agradecido bajo sus pechos leves, más allá de la cintura generosa. Allí su mano se detuvo y tomando la mía, haciendo de dos cuerpos uno, luchamos toda la noche sobre el catre.

Cuando volvió la luz, viendo a mi amiga al lado, confiada y dormida, me dije al punto: «tanto puede una cruz» y por no ver confirmadas mis sospechas, busqué a mi capellán que aún andaba en ayunas.

—¿Cómo llegas tan tarde?

—Pasé la noche en vela. Ando tan flojo de salud que a veces temo volver al hospital.

—Cuida tu cuerpo hijo que es espejo de Dios.

—Así haré. ¿Vamos a misa, padre?

—Hoy además tenemos viático.

—¿Qué novedad es ésa?

—Un enfermo ha pedido los santos óleos.

Curiosa novedad en un lugar de herejes pero como quien manda manda y a fin de cuentas, menos trabajo cuesta encaminar un muerto al cielo que cavarle el hoyo, pronto estuvo el estuche preparado con la herramienta presta.

—¿Va todo ahí?

—Todo está listo para cuando quiera.

—Entonces adelante. Veremos si nos alcanza el tiempo.

Iba yo haciendo paso a golpe de mi campanilla y el amo detrás procurando no tropezar con su carga menguada. Me sentía como el Emperador viendo cómo se abrían todos ante mí, unos arrodillados, otros huidos, algunos recelosos, dejando un callejón por el que caminábamos.

Yo, no sabiendo el rumbo, miraba de través al capellán tratando de orientar mis pasos. Los más afligidos desnudaban devotamente la cabeza, uniéndose a la procesión que fue creciendo según avanzábamos en busca de aquel alma arrepentida.

Finalmente una voz gritó en francés, llamándonos, en

tanto el rostro de mi amo cobraba súbita vida ante una puerta que los dos salvamos.

Mientras buscaba alguna luz, llegaba desde las tinieblas un estertor profundo que a ratos se apagaba para volver a flote agarrándose a la vida. Por fin encontré un cabo; lo encendí y descubrí la sombra de mi vieja coima, mi antigua compañera.

«Mala ocasión para encontrarnos por postrera vez», me dije, viéndola tendida sobre paja, la mirada perdida sobre los brazos sarmentosos. Una frazada ruin malcubría aquel cuerpo en otro tiempo tan dispuesto a dar y recibir favores. Los ojos vacilantes donde ya el miedo hacía su nido, los pelos de la barba tan ralos y crecidos, le hacían parecer un hombre, me recordaban al sargento que a buen seguro, más allá de la choza y el mar, debía de esperarla, sumiso como antaño.

Tras preparar los bártulos del dómine, me acerqué a aquellos ojos por ver si en ellos aún quedaba algún rescoldo pero siguieron vagos y remotos; tan solo hallé en su fondo un eco de su cuerpo todo, aquel temblor que hacía estremecer sus huesos.

—Acerca acá esa luz —murmuró el capellán y luego—: ¡Buena es ésta! No es prisionero sino prisionera.

—Ha de ser la mujer de algún caporal —respondí apresurado—. Recuerdo haberla visto en los pontones.

—¿Y el marido? ¿Cómo no está con ella?

—Murió hace tiempo, padre.

Calló un instante y recordando sus pasadas órdenes, temí por la pequeña María y a la vez que dejara a mi vieja sin los auxilios habituales. Pero fuera porque la caridad se impuso o porque a fin de cuentas, la miseria y la edad arrimaban el ascua a sus propósitos, presto estuvo la vieja dispuesta y asistida para el último viaje, finando al punto, como recién llegada a tierra prometida.

¡Pobre amiga de la que nunca supe el nombre! Animosa y leal, tenaz y mesurada, ahora tranquila y sola, con sus ojos fijos más allá de los míos. Yo mismo los cerré buscando algún relámpago tardío, algún aliento vago de aquella boca tan vacía y rota. Yo mismo se la encajé y até, escuchando a mis espaldas la oración del amo. Ni su voz, ni aquella recomendación del alma, me acostumbraban a su suerte, sino me hacían odiar más todavía a la muerte que las charlas de la Semana Santa o la fosa común que cada día crecía dispuesta a devorar a todos.

XXVII

Ahora nos llevan por una tierra hostil, toda bosques y nieves, luchando, cuerpo a cuerpo, hasta quedar por muertos los mejores. De noche, es tal la oscuridad, que hacen fuego sobre nosotros nuestros mejores tiradores. Aludes de jinetes nacen entre la niebla, sable en mano, degüellan cuanto alcanzan y se retiran para volver apenas la columna se detiene.

A veces alcanzamos blancas llanuras despejadas, donde nos baten escondidos cañones sin darnos tiempo a desplegarnos. Hemos perdido muchos furgones y el grano empieza a escasear. El mariscal se bate con coraje mas su esfuerzo es vano ante un enemigo que retrocede sin dejarse ver.

Tantas son nuestras bajas que nos hallamos reducidos a un solo batallón sin comandante. ¡Quiera el Señor salvarnos hasta la retirada que según todos se avecina! ¿Tú dónde estás? Si ésta te llega, levanta el ánimo y da gracias al Todopoderoso. Aquí ya estamos resignados y, aunque herido dos veces, mal que bien, me mantengo firme en todo. No sé cuál ha de ser mi suerte, si la tuya será mejor, pero de todos modos, sabe que tu querido padre te recuerda en esta tierra tan distinta a la nuestra donde la sangre va marcando un camino que no sabemos si nos lleva a la mísera gloria o hacia una paz honrosa que nuestro Emperador nos niega empujándonos cada vez más adelante...

—Malas noticias —murmura el cojo, apuntando con su bastón hacia la carta que el amigo tiene en sus manos.

—Las peores —responde guardando el pliego bajo la camisa.

—A lo mejor la próxima —digo a mi vez tratando de animarlo—, dice, punto por punto, lo contrario. Entre correos y rumores nada se sabe a ciencia cierta. Es mejor olvidarlos.

—Mucho me temo que esta vez acierten.

El amigo tiene razón; el tiempo corre contra todos. Incluso ha vuelto aquel rigor primero sobre las mujeres que a duras penas lograron esconderse. La pequeña María tiembla cada mañana cuando una nueva embarcación echa amarras al pie de la torre.

—Ésa viene a buscarme.

—Viene a traer correo y provisiones.

—Seguro que no vuelve de vacío. Ya se llevaron a la viuda Sofía.

—Porque ella lo pidió. Su compañero le administraba tales coces que fue a solicitar ayuda a la gobernadora.

—¿Y María *la Grande*?

—Otra que tal, aunque salió mejor parada. Le concedieron pasaporte y trescientos reales para el viaje.

Mi amiga se tranquiliza un poco. No sabe que también expulsaron a Madama Bela cuando supieron que andaba con el vientre en sazón, a Rosa *la Romana* y a Cristina *Tedesca* por poner precio a sus favores.

Una tras otra, resignadas o no, cada cual ha ido escogiendo su destino o por mejor decirlo, una prisión más venial donde cambiar su clientela habitual por otra más cumplida y generosa. Así me pregunto si este amor reciente de mi compañera no será aviso de su afán de escapar, fraguado poco a poco desde que abandonó la cama del hospital. Viéndola tan pendiente de la mar y de la marcha de las otras, le pregunto:

—Cuando la guerra acabe, ¿dónde irás a parar?

Ella sigue mirando las goletas inglesas y sin volver el rostro afirma con un vago ademán:

—Me volveré a mi casa.

Lo ha dicho sin vacilar, como si desde tiempo atrás lo hubiera decidido.

—¡Dichoso quien la tiene!

Ella entiende la queja y presto vienen toda suerte de atenciones. Sin embargo ya no parece aquella reina del palacio escondido que conocí frente a aquel mismo mar; ahora se anuncia fácil de razonar, callar o calcular o, ¿quién sabe?, capaz de abandonarme. Se lo digo y responde:

—¿Quién piensa en eso? Los dos saldremos juntos de ésta.

Rompe a reír. Sus ojos son ya los mismos que antes. Mostrándome la cruz que aún cuelga en el escote, asegura:

—Los dos estamos bajo juramento. Esta cruz une nuestros destinos para siempre.

Luego me estrecha; siento, en torno de mí, sus huesos doloridos, el abrazo rendido de su carne y, poco a poco, como de costumbre, viene la paz cumplida tal como suele entre antiguos amantes.

A su lado, tendido en nuestro lecho de ramaje, descubro esa villa donde hemos de llegar un día, esa casa adonde volverá cuando llegue la paz. Veo una gran avenida que muere ante las mismas rejas de un palacio todo espejos y jardines, fuentes que manan leche y miel y estanques donde las nubes se combaten.

Por ella va la pequeña María, entre castaños que un par de brazos no es capaz de abarcar, al encuentro de hermanos y padre, barridos por el viento de la guerra. Tan sólo falto yo.

Luego se me aparece más crecida, gobernando una tropa de bribones que piden teta y pan entre arrebatos de ira y leves pescozones. A su lado hay un hombre que come y calla, cuida el ganado y, a la noche, alborota su cama. No sé quién es; pero ella le cuida, y tampoco me reconozco en su limpia casaca y sus zurcidos pantalones. Bien querría descubrir su rostro pero los dos se alejan tras volverme la espalda. Al fin vuelve la soledad en torno, la mansión desaparece y a solas quedo como siempre, en mi jardín perdido de ilusiones.

Cuando María despierta hay nueva orden: una segunda leva de mujeres. El comisario, como de costumbre, se enfrenta a la gobernadora.

—Por mi parte, sólo concedería el viaje a las que dieran muestras de hallarse arrepentidas.

—¿Qué pruebas quiere? Todas están aquí contra su voluntad.

—Yo me refiero a la moral.

—En ella también pienso yo. Cuanto más separados, menos riesgo se corre. ¿No es así, Monsieur de Massac?

Y el oficial francés, el único que se negó a marchar para quedar al cuidado de sus tropas, seca sus labios y murmura:

—*Le cas est different.*

—¿Cuál es la diferencia?

Monsieur afirma que la guerra es un estado de excepción. Hay quien acude a ella por necesidad, por vocación o por seguir su destino simplemente.

—O por medrar a su costa —replica el dómine en silencio hasta entonces.

—O por vivir, sin más —concluye la gobernadora.

—Sea cual fuere la razón —insiste el capellán—, como quiera que guerra y mar son hechas para el hombre, estas mujeres han de embarcar quieran o no.

Así la pequeña María parece condenada a abandonar la isla.

Día tras día su vida cambia poco. Su tiempo es esperar mi vuelta, recoger agua y leña y aderezar las provisiones que cambio, siso o robo. Sus horas se consumen ante el ventanal o cara al cerro donde un viento de estío quema y arrasa todo: huertas, bancales o ilusiones. Además está el mar verdugo que al tiempo nos cierra el paso y tienta, y ese sol que en invierno nos da vida y que en verano ciega.

Cuando a la noche vuelvo, antes de prender fuego, dispara su pregunta habitual:

—¿Qué novedades hay?

—Las de costumbre: bochorno y poca cosa. Una fragata ha descargado azadas y jergones a más de dos partidas de mantas. Mal porvenir anuncian.

—¿No se sabe otra cosa?

—Hablan de repatriar a los músicos —y añado a mi pesar—: También a un grupo de mujeres.

De todos modos lo acabará averiguando. Deja su ventanal e insiste:

—¿Qué mujeres?

—Dicen que todas.

—¿También Jacquetta?

—Esta vez ninguna se salva. El capellán ha ordenado tapiar las cuevas del monte.

En tanto el fuego crece entre las cuatro piedras, su corazón debe bullir también, con los ojos perdidos en las llamas. Quizá piensa dejar su uniforme y presentarse al dómine dejándose embarcar. En la penumbra donde el fuego se borra, los pensamientos van y vienen sin enfrentarse nunca, como aquellos que se conocen y se temen. Vecina y diferente se deja acariciar, rendir, amar, cambia suspiros por enojos, abandonos sutiles por abrazos, labios por dientes, besos a tenazón por envites vientre por vientre. Más tarde cuando vuelve a flote, una vez saldada su cuenta conmigo, escapa apresurada la del alma. Ya no se muestra esquiva, sacrificada, recelosa. Tras de cerrar los ojos, se estremece y calla, sin responder ni respirar apenas, como rendida de tanto cavilar. A la mañana, viéndola en sueños todavía, me pregunto si a mi vuelta la encontraré dentro de su casaca donde el sol va apagando los galones.

Hemos bajado a ver partir a las demás, o por mejor decirlo la he encontrado cerca del puerto, pegada a mis talones.

—¿No tienes miedo de que te descubran?

—¿Quién va a reconocerme así? —me muestra sus vacíos pantalones y, sin mediar palabra, nos acercamos a los botes. Vecinos a Jacquetta hay algunos viajeros dispuestos a partir también, en cuanto el viento sople favorable.

Un cerrado clamor saluda la llegada de las otras que, en desfile triunfal, recorren el breve trecho hasta el malecón.

—¡Jacquetta, acuérdate de mí! —grita un cristiano.

—¡Jacquetta, ata una liga al palo de la cofa.

Jacquetta se alza el turbión de enaguas y mostrando sus magras piernas, responde en su español vacilante:

—¡No tengo ya! ¡Se las llevó todas el capellán!

—¡Por eso tienes pasaporte!

Una recia ovación resuena por toda la bahía. El mar se va rizando en torno a la fragata donde ya se preparan los cabos y los foques. Al fin, Jacquetta se borra al otro lado de la pasarela dejando tras de sí un rastro de murmullos y de melancolía.

XXVIII

La capilla se halla en tinieblas salvo la escasa luz que en el altar perdura. Llegan de fuera la voz de las gaviotas y el abrazo del mar que a ratos calla para volver luego más bravo. Junto a la puerta un manojo de sombras se deshoja en cautivos que, uno tras otro, se van arrodillando ante el sillón del dómine, a la espera de volcar sus pecados.

Cuando el último de la fila se inclina, el capellán le ampara con sus brazos, dejando al aire su cuello descarnado.

—Ave María, ilustrísima.

—Ave María y apea el tratamiento.

—Venía a confesarme.

—Eso a la vista está. ¿Cuánto hace desde la última vez?

—No lo recuerdo, padre.

El capellán afloja el nudo en torno del soldado, lanzándole una mirada de través.

—¿Dónde te hicieron prisionero? ¿Eres español?

—Camino de Bailén.

—Supongo que serás voluntario. Veamos: ¿De qué te acusas hijo?

—De un pecado mortal.

—A tu edad no ha de ser tanto. ¿Faltaste a la verdad? ¿Robaste? ¿Fornicaste? Pareces demasiado joven para cargar el alma con delitos mayores.

—Mi pecado es mentir.

—Explícate más por lo llano. Ninguno existe que el Señor no perdone.

—Mentir en todo y a menudo.

El dómine suspira; mira la luz que vacila en el altar y trata de abreviar el trámite.

—Lo más grave de faltar a la verdad es el daño que se causa a otros. ¿Alguno sufrió por tu causa?

—No, nadie o por mejor decirlo: una persona.

—Entonces debes tratar de repararlo.

—Bien quisiera pero no está a mi alcance.

—Entonces yo no puedo ayudarte. ¿Te arrepientes al menos?

—Tan solo a medias; no tuve otro remedio, padre.

—Escucha: si no te arrepientes, al menos con dolor de atrición, no puedo absolverte. Vete y vuelve otro día.

—¿Qué es dolor de atrición?

—Pero, ¿qué clase de cristiano eres? Es pena el ofender al Señor por el daño que nos puede venir o por miedo al Infierno.

—En él estoy; por eso vine aquí, para escaparme de él.

—No es cosa de escapar o no. Quien vive en falta, siempre la llevará consigo donde quiera que vaya.

—Marchándome de aquí, tal vez llegara a enmendarme.

El capellán queda perplejo. Sus dedos abren surcos en su pelo cano.

—¿Cómo puede ser eso? El pecado no es cosa que se pueda espantar como un mal sueño. Está en nosotros mismos. Forma parte de ti. Sólo la gracia del Señor puede borrarlo.

—¿Qué gracia, padre?

—¿Cuál ha de ser? Ese dolor que dije. En tanto no la sientas es inútil que vuelvas por aquí.

El dómine sigue con la mirada la sombra que a buen paso se aleja rumbo a la puerta. De nuevo el viento y las gaviotas llenan de mar las tinieblas. Se acerca hasta el altar y anima la luz que empieza a vacilar. Inclina luego la cabeza y a lo largo de unos instantes se escucha la oración con la que, cada día, pide ayuda y fortaleza.

No ha llegado a pasar una semana y otra vez el soldado espera humilde ante el sillón de terciopelo.

—Ave María.

—Ave María. ¿Mudaste de opinión?

—Por ello estoy aquí.

El capellán se anima. Hay calma ahora en su rostro pero aún así murmura:

—En materia de culpas no hay sino arrepentirse. ¿Qué tienes que decir? Hay otros esperando; apura.

Entonces el soldado lentamente se ha ido soltando la camisa hasta mostrar al aire dos pechos blancos y menudos. El capellán ha quedado como muerto. Lanza un vistazo al arco de la puerta temiendo las miradas de los que en ella esperan. Su rostro se ha vuelto blanco como el muro en tanto grita a media voz:

—¡Miserable de mí que no caí en la cuenta a su debido tiempo! ¡Ni siquiera llegué a sospechar a pesar de ese pelo tonsurado!

Su voz tiembla en tanto la pequeña María continúa inmóvil.

—Y ese uniforme, ¿desde cuándo lo llevas?

—Lo robé para no seguir el camino de las otras.

El capellán intenta a duras penas sofocar su ira. Se ha alzado con dificultad poblando las tinieblas de sus pasos, olvidando sus otros feligreses. Por fin se vuelve.

—En la primera ocasión embarcas. ¡Largo ahora de aquí!

Sin embargo, después, en misa, no parece tan duro y firme como antaño; incluso se diría que su fervor por los enfermos ha menguado tanto como aumentaron sus paseos a solas. En las tertulias con el gobernador y el comisario calla tratando de espantar el sueño que le persigue a toda hora. Se ve que duerme mal, se le oye ir y venir en su alcoba a la noche, quizá preguntándose cuando se irá la pequeña María, pues no hay semana sin goleta que arribe para volverse de vacío.

—He de hablarle. No espero un día más —murmura mi amiga.

Yo callo pero estoy seguro de que ambos males, parejas soledades apuntan hacia un mismo fin que acabará conmigo, pues desde aquella segunda confesión, anda mi compañera esquiva, como privada de razón.

Cuando vuelvo a la noche, siempre espero encontrar su rincón vacío, pero allí está esperándome.

—¿Fuiste a verlo? —pregunto.

Ella niega con un gesto solemne.

—Entonces iré yo.

Alza sus ojos donde una tempestad va y viene en un instante.

—De todos modos, habrá que decidirse. De poco vale esperar si está en sus manos el destino de ambos.

Porque de nada sirve tenerla junto a mí si anda huida a la noche. Mejor dormir solo y tranquilo. Despensa y soledad son fáciles de administrar. Todos tienen sus reglas dentro y fuera del fuerte. Hombres de bien y bujarrones se tratan como hijos, madres y maridos. ¿Por qué he de ser distinto yo? Nadie mira ni juzga a nadie. Cada mes que se borra, lleva consigo un jirón de disciplina que ni siquiera el capellán es capaz de atajar. Así, triste, pero no vencido, he tomado de la mano a la pequeña María, llevándola camino de la playa.

—¿Qué quieres de mí ahora?

—Tú acompáñame y calla.

Seguro que espera algún castigo por mi parte, pues me han seguido contra su voluntad hasta la cala donde el dómine suele pasear a solas; seguro que teme vaya a arrojarla al mar, tales son sus ansias y temores.

—¿Hasta cuándo estaremos aquí?

—Hasta que el sol se ponga.

—¿Qué harás conmigo?

—Nada; sólo esperar.

Rompe a llorar, temiendo por su vida.

—Al menos dame ocasión de arrepentirme.

Hubiera roto a reír, mas por el camino se acerca el dómine con el manteo al aire, acechando las olas.

—Ahí viene quien te absolverá, descuida.

Viendo a mi amo sus ansias crecen. Mudan su voz y su semblante como si fuera a tratar con algún enemigo.

—Habla con él y descansemos todos. Sepamos de una vez si te quedas o partes.

Aún duda, pero el dómine se acerca, lento y ceremonioso, cara al viento. Sus manos aún mantienen el libro en alto cuando mi amiga le sale al encuentro dejándole tan sorprendido que, en un rato, ninguno se decide a hablar. Luego cruzan unas breves palabras y ya se separan como dos desconocidos.

—¿Cómo fue? ¿Te arregló alguna cosa?

—¿Qué ha de arreglarme?

—El viaje. ¿Para qué crees que vinimos aquí?

—Me ha dicho que vaya a verle a la capilla.

—Ésa es buena señal.

La pequeña María mira las nubes encerrada de nuevo en su silencio enemigo, de modo que no insisto, prefiero refugiarme en el mío según nos alejamos a lo largo del mar que parece ir marcando mi destino.

Ahora se alza y estrella y hasta la voz de las gaviotas calla. En la capilla la lámpara vacila poblando de sombras los arcos que ni siquiera se adivinan.

—Ave María, padre. Aquí estoy, como dijo.

—Antes que nada es preciso cumplir con el Señor. No has de venir tan solo a preparar tu porvenir. ¿Estás arrepentida?

De nuevo duda la pequeña María, mirando al juez que insiste:

—¿Seguro que lo estás?

—Ya lo sabe su señoría.

—¿Vives sola?

—No, padre.

—¿Con otras como tú?

De nuevo calla. Su figura se estremece al otro lado de la celosía.

—¿Entonces con un hombre?

Las manos del capellán se agitan en su trono de penumbra. Apoya en ellas el rostro y, envolviéndose en el manteo como si el vendaval se abriera paso en la capilla, pregunta:

—Di. ¿Qué quieres de mí?

—Que me saque de aquí, como a las otras.

—Tu caso es diferente. ¿Sabes dónde van a parar esas que dices?

—Cualquier lugar es bueno lejos de éste.

—No tan bueno, hija mía —la voz es otra ahora—. Van a una Casa de Piedad. En ella quedan encerradas mientras no estén dispuestas a cambiar de vida. Di: ¿cuál eliges tú? ¿Libre aquí o presa entre rameras?

La pequeña María parece aún más ruin bajo la mano maciza y poderosa. Al fin llegan las lágrimas que el capellán ataja, otra vez lejano y monocorde.

—Aún arriesgando tu secreto, quizá pueda hacer algo en tu favor.

—¿Puede su señoría?

—Tengo que ver mañana a la gobernadora. Si ella accede y el comisario no se opone, quizá te recomiende.

La pequeña María solloza en tanto el rostro del capellán vuelve a borrarse tras de la celosía.

—¿Sabes hacer las labores de la casa?

—Prometo obedecer en todo.

—Mucho me place. A la postre, saldrás beneficiada.

La pequeña María se santigua y sale. Antes de franquear la puerta lanza atrás la mirada. El confesor aún sigue en su sillón quien sabe si rezando o meditando.

XXIX

Más huérfano que antes, sólo me resta la ventana y ese mar del color de la lluvia que acabó con las misas en el monte. Con ser el fuerte tan pequeño, no he vuelto a tropezarme con mi amiga. Sólo una vez la he visto acompañando a su señora, vestida de mujer, limpia y pulida, con calzado nuevo. Según cuenta mi ángel guardián, duerme y come vecina de su alcoba. Apenas pone los pies en la cocina y, salvo en contadas ocasiones, permanece muda.

Yo, desde que avisó su marcha, nada hice por volverla atrás. Tal como el Evangelio dice: el Señor me la dio, con el Señor se vaya. Hágase pues su santa voluntad contra la cual es necio ir, ya se trate de amigas o dolores. Ahora las noches son más largas. A veces me despierto, buscándola cerca de mí. Nada me llega o toco; todo lo más manojos de retamas y ausencias que hacen más negra su memoria. Luego el rumor del mar me devuelve a este mundo y busco antes que nada la tienda del cojo.

—¿Qué se hizo de tu amigo? —pregunta.

—No sé. Buscó otro nido —le respondo.

—Mal trato le debiste dar cuando duró tan poco.

—Duró lo que debía. ¿A qué tanta pregunta?

—Tienes razón —replica sirviéndome un trago—. Hay misterios mayores en la isla. ¿Sabes lo que preguntan todos? De qué escondite o madre ha nacido esa nueva criada de la gobernadora.

Apuro el vaso antes de decidirme a contestar:

—Del vientre de la suya, como todas.

—No como todas; las demás tuvieron que salir de aquí. ¿De qué gracia especial goza esa nueva prójima?

—Tendrá bula, quizás.

—Y en lo tocante a bulas. ¿Quién las da?

Busco en el fondo de mi vaso una respuesta que me salve cuando vienen al quite dos pescadores españoles de los que se dedican a comprar y vender lo que en la isla los cautivos fabrican.

—¿Cómo va ese negocio? —les pregunta el cojo.

—La goleta hace dos días que no viene. El tiempo no cede. No se ve ni una vela.

—Bien se nota —murmura el cojo—. Muerto estoy de vigilar las provisiones, pero tengo una pieza capaz de hacer feliz a un cardenal. —Busca bajo el mostrador y la saca a la luz como un trofeo delicado.

—¡Sangre de Dios! Más que ratón parece gato.

—También lo he de tener, aunque hasta ahora se va salvando de mis lazos.

—¿Cuánto pides por él?

El cojo ríe; devuelve a las tinieblas su tesoro y murmura:

—Este buen mozo ya tiene dueño.

Apenas la cuestión se olvida y en tanto el cojo apunta en la madera del mostrador los tragos, el amigo parece despertar:

—No es la tormenta quien nos impone estos ayunos, sino los mismos españoles. Ellos saben que el hambre es el peor enemigo, cuando se busca desertores. Si la guerra va para largo, como dicen, ha de llevarse a tantos de uno y otro bando que cien madres al día no darían abasto para llenar la brecha de los que devora.

Por un instante el discurso termina, mas luego añade como tratando de convencerse a sí mismo:

—Es inútil, ningún francés empuñará las armas contra su Emperador.

—Los franceses comen y beben lo mismo que los demás mortales.

—¡Pero tienen honor!

—¿Y dónde está el honor? —murmura el cojo—. Yo no daría por él medio sorbo de vino.

Sus palabras hacen callar a duras penas al otro, mientras la tempestad llama a la puerta. Toda la isla parece irse al garete vencida por el huracán que gime quién sabe si arrasando al otro lado del mar, las cosechas mejores.

Pues una cosa es cierta: ya empiezan a faltar las medicinas y hasta aquel apestoso arroz de polvo y grano. También el pan anda escaso y es inútil buscar saciar el hambre en playas y calas. Incluso aquel peñón donde creí morir en compañía del renegado, cierra sus puertas cercado por las olas y en tanto la goleta falta, la costa se halla poblada de vigías encaramados a las rocas más altas. Andan los más en busca de raíces, de hierbas con que hacer sopa, de algún lagarto recuerdo del estío, pero tales vituallas, más que saciar el hambre, aún comprometen más la mezquina salud de quien las toma. Es preciso hurtar de las miradas de los otros aquello que se bebe o toma, si se quiere evitar algún asalto súbito o una mirada brillante de lágrimas. La luna deja ver en ocasiones veteranos de antiguas compañías vagando a solas entre zarzas y rocas. El cojo ha echado el cerrojo a su almacén y un amargo silencio cubre la isla al compás de la resaca.

—Esta vez va de veras. Éste es el fin —murmuro sin poder dormir, pero el amigo seca su rostro que la lluvia bate y responde desafiando al vendaval:

—Hemos perdido la mitad del alma pero nos queda la voluntad, el ansia de vivir. Esta vez también nos salvaremos.

Ni el viento, ni la sed, son capaces de rendirlo cuando hasta el mismo comisario teme una próxima hecatombe.

—¡Voto a Dios! —grita el cojo—. ¡Odio a esta isla como a las penas del Infierno! Si esa goleta tarda una semana más, yo mismo iré a pedirle cuentas.

—¿A quién? ¿Al capellán? ¿Qué culpa tiene si el viento no perdona?

—Al comisario, al capellán, a Dios mismo en persona.

Pero todos sabemos que sus palabras se las lleva ese huracán que bate playas y calveros; que alcanza incluso al fuerte donde ha sido preciso racionar el pan. A su despensa acudo cada vez que las horas traen nuevos sacrificios y si por caso me encuentro con la pequeña María, le pregunto:

—¿Cómo te va en tu nuevo trabajo? ¿Ya no somos amigos?

—¿Por qué no hemos de serlo? —responde apresurada.

—Porque cambió tu vida a lo quc parece. —Y cuando hace ademán de escapar, vuelvo a atajarla—. ¿No nos veremos más?

—Puede que un día de éstos.

—¿Cuándo? ¿El domingo?

—No lo sé.

—¿No te da fiesta tu señora?

—El tiempo se me va muy de corrido.

—Y el marido. ¿No pide alguna cosa?

Se me queda mirando convertida en relámpago de ira.

—Lo que quiera concederle yo.

Alza la mano al pecho y arrancándose la cruz que yo le regalara un día, la pone en mis manos. Yo no la quiero recibir, pero la tomo y guardo cuando un rumor le hace huir sin volver la cabeza. Es el mismo capellán en persona que viene a unir su desaliento al mío.

—¿Qué haces aquí, holgazán? —pregunta con desánimo.

—Buscaba aceite, padre, para el altar.

—Busca mejor un azadón. Según pintó el día en el hospital, esta noche te tocará cavar.

Con el ángel guardián, el asno y la herramienta, doy principio a mi ronda en busca de los que la sin nombre decidió dar descanso para siempre. La luna nos ilumina a ratos.

Cruzando el «Palais Royal», vacío ahora, alguien muy quedamente, murmura en la oscuridad mi nombre.

—¿Quién me llama?

—Será el viento o algún ánima en pena —murmura inquieto el ángel.

—¿Hay alguien vivo por ahí?

—Sigamos adelante. No nos arrastre del pescuezo al mar.

Pero a los pocos pasos, en el cepo destinado a los ladrones, la misma voz se alza muy quedamente:

—¿Tan ciego estás que no me reconoces?

—No te acerques —insiste el guardián—. No ayudes a quien no lo merece.

Bien sé que arrebatar lo ajeno es la falta más grave, que se castiga a veces con la muerte, pero la novedad me empuja a la luz de la linterna hasta encontrar al renegado, sujeto por el cuello al palo.

—¿Otra vez te pillaron?

Agita la cabeza negra de sangre y golpes. Sus verdugos debieron trabajar de firme, tan duro como la regla exige, pues su cuerpo es un sarmiento rojo.

—Déjalo estar. Si la luna aparece y nos descubren, acabaremos en el cepo todos.

Pero a pesar de sus palabras, el guardián a su vez, se compadece: echa mano y entre los dos, apartamos al reo del madero donde sus camaradas lo crucificaron.

—¡Miserable de mí! —susurra—. ¡Afrentar a un soldado de este modo!

Luego se seca el rostro y mira en torno. Hay en sus ojos una luz sin ira, derrotada, distinta, en tanto, libre ya, el huracán lo empuja camino de su choza.

XXX

Corren las nubes y ni una vela asoma. Quien más, quien menos, se pregunta si fragatas, goletas y jabeques se hallarán en el fondo de las aguas o a buen recaudo en tanto amaine la tormenta. Si es así, si es preciso esperar a que el tiempo mejore, acabaremos todos en esas zanjas que ya se extienden más allá del primer cementerio.

Los más precavidos, los que en tiempos mejores siempre guardaban algo, andan también en busca de alimañas. Los más necesitados han acudido al capellán.

—Padre —suplican—, auxilio o perecemos.

—Sólo puedo ofreceros lo que tengo. Si es preciso moriremos juntos. Sólo os pido confianza en Dios.

Unos lloran, otros caen de rodillas, arañando en el suelo cortezas de tocino, polvo de arroz que los gusanos desdeñaron. Como halcones montanos buscan escondites, pero su afán es vano.

—No esforzaros. Todo a la vista está. Sólo nos queda esperar en el Señor.

—Ni el mismo Cristo esperó tanto —le responden.

Mi amo se crece sobre su rebaño.

—¿Qué dices? Quien murió por todos ¿cómo puede olvidarnos ahora? Roguemos por que se apiade de nosotros.

La tropa sometida, ha seguido tras él hasta la playa desafiando la tormenta, recitando la letanía de los santos, pero del mar nadie responde a tanto *Ora pro Nobis*. Todo lo más se hace un claro que al punto las nubes esconden. Cuando la procesión concluye, los que no desertaron piden al dómine:

—Padre, solicitamos su licencia.

—¿Para qué? ¿Qué puedo daros yo?

—Queremos sacrificar el asno.

El capellán no entiende. A fin de cuentas él no se hallaba entre nosotros cuando llegamos los primeros y aquel pobre animal fue nuestra ayuda y compañía. Hasta aprendió a esperar su turno ante la fuente como un cautivo más.

—Tocaremos a poco —insisten sus verdugos—, pero algún día ganaremos en tanto el suministro llega.

El capellán da su permiso y allá va la tropa, cuchillo en mano, en busca de su víctima.

¡Pobre amigo, humilde y servicial, muerto y desollado, devorado por quienes le debían choza y pan y hasta la vida en ocasiones! Mezquino sacrificio porque su carne vieja y dura de tanto trabajar, apenas llega a todos; sólo un escuálido pedazo que sabe a traición mientras luchamos por hincarle el diente, en tanto su osamenta queda bajo la lluvia que no cesa, hermana de otras a las que ni siquiera se da tierra ahora.

El comisario se ha encerrado en su torre, nuestro gobernador calcula con Monsieur de Massa cuánto pueden durar las provisiones; nadie se atreve a asomar al hospital ni a la colina convertida ya toda en lodo y fango.

Sólo mi amo desafía cada tarde los vientos con su rebaño de fantasmas. Los demás guardan sus fuerzas en las chozas y los más impacientes aún son capaces de subir a la cumbre para volver desesperados a la noche. Tanta necesidad les hace ver jabeques y fragatas que a la postre resultan sólo nubes. Gritan de pronto «Allí aparece» y cada cual según sus fuerzas, se arrastra hasta los balcones de las rocas. Luego, a la luz del mediodía sucumben naves e ilusiones.

Y sin embargo, una voz se ha alzado desde el fuerte.

—¡Allí viene! ¡Una vela!

Y sin saber por qué, mi amo y yo hemos subido resoplando a la torre.

—Padre ¿será verdad?

—Sólo el Señor lo sabe.

La niebla cierra y abre el horizonte. Una vez más, es preciso esperar en tanto llega el ángel con un bruñido anteojo. El capellán se lo arrebata, apunta al mar y exclama:

—¡Alabado sea el Señor!

Parece como si desde el malecón le oyeran. Un rumor apretado corre a lo largo de la costa. Lomas y farallones aparecen vivos de pronto, prietos de magros despojos que intentan descifrar su suerte. Los más débiles caen por tierra, otros lloran, se sujetan con las manos el vientre, sienten que las rodillas no obedecen.

Al fin aquel oscuro garabato tendido sobre las olas, va tomando forma y color, no tan aprisa como deseáramos. En su lucha por doblar el cabo, ha perdido la mesana. La tropa calla abajo; arriba, en la torre, el gobernador y el capellán se disputan el ojo dorado.

—¿Son los víveres?

—Es un jabeque de tres palos. Trae partido el de popa, pero lleva nuestros colores.

—Muy pequeño parece.

—Pequeño o no, confiemos en su suerte.

Apenas enfila la bocana, un nuevo estrépito le anima. Nacen de sus costados dos hileras de remos que le empujan hasta ganar el puerto. La multitud se agolpa. Muchos van a parar al agua luchando con la espuma que agarrota las piernas. Es preciso hacer una descarga al aire que no los amedranta y a la que, desde el malecón, responde un oscuro rumor de maldiciones. Toda la isla asiste a la batalla en torno de sacos y barriles y cuando el capellán retira el anteojo, se lo pido.

—¿Quieres ver de cerca el hambre? —pregunta el ángel.

Pronto descubro una partida de cautivos luchando con los vigilantes. Un marinero empuña su fusil por el caño y trata de ahuyentarlos; otros reparten bastonazos luchando por mantener el orden. Cuando me canso de ver golpes y asaltos, apunto mi ojo dorado a la torre. A una de las ventanas se asoma recelosa la gobernadora; junto a ella, la pequeña María mira también en torno. Alzo la mano a modo de saludo, pero no me responde. Es inútil; sus ojos siguen fijos en la descarga del jabeque, en el puerto donde ya empiezan a repartirse las raciones. Aún con el viento en contra y la mar enconada, las provisiones pronto levantan el ánimo de todos. Hasta los menos fuertes sienten más despejado el porvenir y han vuelto a la cantina con sus tratos los pescadores españoles. Viendo que alguno devora su ración de un solo golpe aconsejan acostumbrar el cuerpo antes con otras devociones.

—¿Qué mejor devoción —dice uno de ellos— que un buen trago de vino?

—Mejor una entrepierna —replica otro—, donde entrar a morir.

—Quien en hembras confía —apunta el cojo—, siembra en el mar. —Luego entorna sus ojos maliciosos y añade—: Aunque hay quien no escarmienta y anda con la razón sorbida por ponerles la lengua entre los dientes. ¿Qué ha de sacarse de donde nada queda? ¿Qué le dará Jacquetta a su marido que antes no fuera de otros, del ombligo a las cejas?

—A buen seguro que por estas fechas se ha despachado un batallón.

—Un regimiento, amigo.

—¿Qué más da docena más o menos? Perdida por uno, perdida por todos.

—Perdida desde que el capellán nos puso a dieta.

—No de todas —vuelve a la carga el cojo—. Una queda en el fuerte.

—Eso es cierto. ¿De dónde salió la criada de la gobernadora?

Los demás guardan silencio y yo el primero temiendo nuevas preguntas, pero la misma voz me viene al quite:

—En mi vida la vi; ni en el «Palais Royal», ni en misa y, aunque estrecha y magra, mujer al cabo es en este erial de bujarrones.

—Digamos que cayó del cielo entonces.

El viento cede, la tormenta amaina; el mismo cojo, aburrido, vuelve a sus cuentas cuando una nueva tempestad llega de fuera.

—Alguno se quedó sin ración —murmura uno de los pescadores.

—Nada se pierde; otro la apañará.

Salimos todos yendo a dar en lo más recio del tumulto. Una apretada soga arrastra por tierra al renegado.

—*Au nom de Dieu* —se oye bramar a un caporal—, *lève-toi brigand! Tu vas payer ton crime...!*

—¿Cuál es su falta, Sir? —pregunto.

—*La pire que peut commettre un chrétien!*

—Sodomita habemus —murmura el cojo— aunque al paso que vamos ése es delito venial.

El cortejo se aleja a trompicones camino del fuerte

donde los centinelas se preparan. Me pregunto si de ésta el renegado salvará la cabeza aunque, según parece, ya la tiene perdida, como la razón. Tras mucho vacilar sobre cuestiones de reglamento y disciplina, se ha decidido formar un tribunal que apenas duda a la hora de cantar su veredicto. Han sido inútiles los ruegos de Monsieur de Massac, las amenazas del comisario para intentar hacer hablar al acusado. Ni siquiera debió entender la razón de hallarse ante sus superiores que disimulan de mal grado su rechazo. Cuando se le pregunta si reconoce haber dado muerte al soldado Debraux, no murmura palabra. Más tarde cuando se le acusa de devorar la carne de su víctima, alza los ojos apuntando al cielo más allá de la bóveda.

Un oscuro murmullo se levanta y vuelve a posar cuando aparecen los testigos. Uno tras otro repiten como lo hallaron con el postrer bocado entre los dientes y el rostro manchado de la misma sangre que aún le tiñe la ropa. Ni siquiera intentó escapar cuando fue sorprendido. Aún con la soga al cuello, quiso volver los dientes para continuar su crimen. Fue inútil que el capellán pidiera intervenir. Nadie dudó a la hora de pedir para él la pena capital.

Ahora ante el pelotón de soldados españoles, frente a sus compañeros, su imagen macilenta no se distingue mucho de otras que esperan en el vecino hospital. Cuando el oficial baja de golpe el sable y la descarga estalla, apenas su figura se estremece. Piernas y brazos ceden poco a poco en tanto suena el tiro de gracia. Durante largo rato sólo se escucha el ruido de las armas desmontadas, el ímpetu del mar y la agria voz de las gaviotas. Su cuerpo debe quedar al sol para escarmiento de la tropa, pero yo me pregunto qué sucederá si la goleta se retrasa otra ver y si, a la postre, no habrá alcanzado el reo su libertad tan deseada.

XXXI

Tras de aquellos avatares vino un tiempo en el que la melancolía arrancó del ánimo todo afán que no fuera comer lo poco que teníamos, calcular la ración de agua o tumbarse al sol como lagartos. Unos borraron de su mente todo intento de fuga y en lo tocante a mí, la pequeña María dejó de atormentarme. Luego, pasado el tiempo frío, volvimos a despertar como alacranes animados por la voz del capellán y el ejemplo de unos pocos hasta que el campamento tornó a recuperar su precaria salud. También nos animaba la frecuente visita de nuevos tratantes que compraban a bajo precio todo cuanto salía de aquellas manos torpes hasta entonces, pero más hábiles ahora. El mismo ángel guardián tallaba maderas pulidas que devolvía el mar a punta de navaja o ensartaba collares.

—¿Cómo va ese negocio? —le preguntaba el cojo a la tarde, cada vez que se acercaba a la cantina.

—Dentro de poco, otros trabajarán por mí.

Como tantos reclutó sus peones entre los más desamparados, los últimos en llegar a la isla. Refugiados en lo más alto, desnudos de la barba a los pies, sólo contaban entre todos con un pantalón para acercarse al mercado del «Palais Royal» cuando llegaba aviso de que un barco arribaba. El amigo solía servirles de intérprete y con sus modos y buenas gestiones, sacaban mejor provecho de sus cestos y bastones que presentándose en persona, sin saber una palabra de cristiano, desnudos como Adán.

Quien no sabía servirse de sus manos aprovechaba otros conocimientos para sacar la salud adelante. De pronto, como si el mismo Espíritu Santo hubiera soplado sobre aquellas cabezas, aparecieron por todas partes maestros dispuestos a repartir lecciones. Algunos, flauta en boca, enseñaban música; otro sargento, las suertes de la espada, todos luchaban por hacerse entender, dispuestos a mejorar habilidades.

Cualquier cosa se compraba y vendía desde camisas rotas a la oculta sodomía. Era como si ahora, dejada a un lado la esperanza, todos quisieran llenar su hueco con lo poco que sabían. Así veíamos a un maestro de baile enseñando a danzar a sus discípulos como en aquellas fiestas de oficiales que llegué a conocer en los primeros días del desastre; sólo que en este caso, tanto varones como damas no eran sino desnudos prisioneros que, torpemente, se saludaban como viejos amigos a la vuelta de cada breve viaje.

—*Allons, balancez à vos dames, rond de jambe, donnez-vous de la grace.*

Y damas y galanes daban vuelta a compás como modestos girasoles.

—*C'est bien* —exclamaba el maestro satisfecho—. *Je suis content de vous; si vous continuez avec le même succès, en moins de quinze jours, vous pourrez vous presenter en société.*

Yo no entendía bien qué ganaban aquellos negros mozos aprendiendo tales maniobras, ni dónde habían de lucirse tal como el profesor aseguraba. A saber si como tantos otros sólo buscaban matar sus horas o trabar amistades del mismo cuño y palo con que animar el catre cada noche, pues, una vez concluida la función, algunas parejas no se deshacían sino por el contrario, cogidas de la mano, se perdían rumbo a playas, veladas y remotas.

Hasta el teatro, abandonado tras de aquella comedia donde nos vimos retratados, levantó la cabeza de sus ruinas con un letrero en su pared más alta que decía «*Castigat ridendo mores*».

Tan solo el amigo no acudía a él, siempre pendiente de su afán, de aquel plan que la marcha del hombre de gris dejó en vanas palabras.

—No hay otra solución que escapar nosotros solos —confesó un día—. Todos están rendidos, resignados.

—¿Cómo ha de ser —repuse—, con ese barco inglés pegado al malecón junto a las cañoneras? Si otros con más valor ya fracasaron. ¿Qué ha de hacer uno solo, sin dinero ni amigos?

Y antes de que vinieran sus razones, le recité completa y de seguido la lista de los que en alta mar, en la playa o sobre el puente mismo de sus embarcaciones, pagaron con la vida su intento de ganar tierra firme.

—Difícil no es lo mismo que imposible. Un hombre bien dispuesto y convencido logra lo que no alcanza un batallón —se revolvió impaciente—. Harto estoy de contar las semanas y los meses.

—Entonces habla con el cojo.

—El cojo es de poco fiar.

—Pero entiende de negocios. Si no recuerdo mal una vez se ofreció a sacarnos de aquí.

—Sería en propio beneficio.

—Aún así. Nadie da nada por nada. ¿Qué hay de malo en ello?

—Que no tengo qué dar —me respondió dudando.

—Yo sí que tengo. Mira.

No sé por qué lo dije. Quizá me lo dictara aquella cruz de la pequeña María que en el calzón quemaba todavía; puede que sólo quisiera desprenderme de ella, pero al dársela luego al cojo, fue como si un mal recuerdo se me alzara de encima.

XXXII

Cuando el último fuego se apaga en la playa y el viento cede, dejando en paz lentiscos y acebuches, nos arrastramos fuera de la cabaña, procurando no despertar al campamento que a esa hora yace rendido sobre el catre. Ligeros de equipaje, seguro el paso, sin alzar la mirada a las estrellas, vamos alrededor del cerro, dejando atrás las tapias del cementerio viejo, entre retamas que nos esconden de centinelas y soplones. Ni el frío de la noche, ni la brisa que sopla, poblando los senderos de murmullos, nos hacen vacilar. El eterno rumor del oleaje va anunciando calas que dejamos atrás.

Al fin, cumplida la jornada, nos detenemos adivinando entre la espuma una sombra que anima la marea. A una señal se acerca; el corazón galopa mientras los pies se clavan en la arena. Luchamos por saber si es el jabeque que esperamos.

Otro empujón al ánimo y quedamos prendidos a la borda, medio cuerpo en el agua, en tanto un marinero asoma.

—¿Quién va?

—Gente de paz. Amigos.

—¿Traes esa cruz contigo?

—Está en buenas manos. El cojo os la dará a la vuelta.

—Entonces no hay trato.

Otras voces rendidas por el sueño, discuten entre redes y cabos. Su rumor llega a ratos en la brisa.

—¿Cuánto ofrecen? —preguntan.

—Nos pagan a la vuelta.

El amigo alza en la mano una medalla dorada.

—¿Sirve esto de anticipo?

—Veamos esa joya. Id subiendo en tanto.

Una vez en el barco, la examina al resplandor de las estrellas. Debió de ser del padre. Alguna vez la he visto yo, escondida entre la ropa del hijo. Su brillo vacilante, el crujir de la madera, la voz de la marea, miden al tiempo que sus dudas, el camino de nuestra libertad. Al fin hay acuerdo sobre el precio con el patrón que apenas asoma; alzan la vela y soltando amarras, escapamos por el camino de las olas.

Ahora la barca enfila mar abierto. Aún la razón se niega a verse libre y, a pesar del sueño, muslos y brazos se mantienen alerta esperando el día, cuando será más duro el cerco de las temidas cañoneras. Mientras llega el alba, nos abrimos paso en las tinieblas que apenas llegan a romperse arriba. Los del barco se tumban a su vez sobre fardos y redes, dejando a uno de guardia en el timón. Un agua tan oscura como el cielo, bate flancos y popa, según la embarcación va cortando barreras de corales. Cielo y mar se confunden, el vientre se revuelve una y otra vez con embestidas que hacen temblar la vela y restallar el palo.

Cuento las horas a mi modo; mis ojos que el sueño no llega a cerrar, se hallan prendidos de las luces inmóviles que el dómine nos enseñaba antaño. Allá, en lo alto, va el carro mayor que orienta en la noche a los navegantes; un poco más lejano, luce el otro menor, eterno segundón, y cruzando vecina de los dos, la cicatriz enorme de Santiago, el camino que desde aquella Francia del amigo, guía a los peregrinos camino de su nombre. Toda la pedrería de luces rojas, verdes o moradas gira muy lentamente, entre bancos de bruma que con su rastro cubren el paso de las horas.

Ya cumplido un buen trecho, el que lleva el timón despierta con el pie a un compadre que, sin mediar palabra, ocupa su lugar tras lanzar una mirada al horizonte. Por el rincón remoto adonde apuntan vela y proa, nace ya una barrera de luz que, según avanzamos, se rompe en blancos haces. El cielo se abrillanta, la espuma se humilla, sólo la brisa se mantiene. Mirando a espaldas aún se distingue nuestro odiado peñón, mal dispuesto a borrarse del todo. En su cerro invisible, abrasado de salitre y sol, despertarán ahora los camaradas. Nadie nos echará en falta hasta mediada la mañana y a buen seguro el cojo pedirá nuestras raciones. Allá estarán, a mediodía, delgados como buitres, esperando con qué llenar su plato y vaso. Formarán su eterna media luna en torno al almacén; el caporal dirá en voz alta el nombre de cada regimiento y a la postre, todo será como una ceremonia. Ni el mismo capellán sería capaz de organizar mejor sus limosnas porque tan solo el pan los mantiene mansos, disciplinados, obedientes, atentos a cualquier migaja. Ninguno hablará. Una ración de más vale tanto como el rencor o la amenaza, cada vez que alguien desaparece o muere.

Ahora, sin una sola embarcación en torno, de pronto el sueño vuelve a cobrar tantas horas perdidas de la noche. Al despertar, el sol corre en lo alto y el timonel señala una punta de tierra sobre el vago horizonte. Los demás se animan. Ya van apareciendo manchas blancas, rojos tejados y pálidos rebaños ceñidos por coronas de olivos que rompen sobre pequeños farallones. Los que nos llevan discuten entre sí; cada cual prefiere una playa distinta donde depositarnos. El timonel hace valer su oficio y señalando con el brazo, dirige el rumbo. Van desfilando cerros cubiertos de acebuches, bandadas de palomas, cuervos de mar al amparo de las rocas.

Y de pronto, ya a punto de doblar el cabo, surge, frente por frente, cortándonos el paso, otra vela mayor que, entre los arrecifes, parece que nos está esperando. Toda la calma a bordo se dispara en juramentos inútiles, en ira a queda voz, en disputas que apenas entendemos mas cuya causa adivinamos. Con el rescate en su poder, el recurso más fácil ha de ser arrojarnos a la mar como dicen sucede en tantas ocasiones.

La goleta, tras de avisarnos con un recio cañonazo, lanza a la mar su bote que no tarda en alcanzarnos. Borda con borda, saltan hacia nosotros un cabo y tres hombres de uniforme.

—¿Cuál de vosotros es el patrón? —preguntan.

Nadie responde. Sólo cuando uno de la tropa busca en las ropas de nuestros tripulantes, nacen protestas que una siembra de golpes hace callar en un instante.

—Y tú —pregunta el cabo al descubrirme—. ¿eres gabacho o español? ¿Qué haces aquí escondido?

—Intentaba alistarme.

—¿Tienes edad de sentar plaza?

—Diecinueve cumplidos.

—No aparentas tantos pero muchachos como tú se hicieron hombres ya en la guerra. ¿De dónde vienes?

—De Cabrera.

—¿De Cabrera? —se extraña—. ¿Qué pintabas en ese cementerio?

—Ayudaba al capellán.

—¡Buen modo de aprender a manejar un arma!

—Por eso me decidí a escapar.

—Bien hiciste, que para echar de España a los gabachos más valen bayonetas que oraciones.

Envuelve a todos en un solo ademán y añade:

—Venid tras de nosotros. El oficial decidirá. En esta guerra es mejor no fiarse. Nunca se sabe quién dice la verdad.

XXXIII

Ha venido de visita el cojo. Mi ángel guardián, celoso como siempre, ha tardado lo más posible en franquearle el paso.

—¿No dices que es español tu amigo?

—Como tú y como yo.

—¿Y qué demonios hace aquí, en prisión, entre franceses?

—Eso se explicará en el juicio.

Mi ángel me ve como traidor ahora aunque, de buena gana, también él escaparía, a la primera ocasión.

—Para mí que en este purgatorio se encienden tantas velas al Rey como al Emperador. Mas lo que sea sonará; no doy medio centavo por sus vidas.

El amigo nada quiere saber de vino o pan. Son inútiles los viajes del cojo. Ni habla ni mira sino a la ventana. Parece haber perdido su valor, borrado el gesto con que nos desdeñaba.

—Arriba el ánimo —le digo—. Otra ocasión vendrá.

Pero bien se me alcanza que, según van las cosas, tal ocasión no llegará, como dice el guardián. Y aún callo lo que a veces murmura. Asegura que soldados y dueños de jabeques tienen montado su negocio del que sacan sus buenos beneficios. Los de los barcos fingen tomar viajeros de buen grado y tras cobrar el flete, unas veces los tiran al mar y otras de acuerdo con los vigilantes, reparten el botín y vuelve cada cual a su nido: unos a puerto y el incauto a prisión si es que salva la vida.

Nada le he dicho por no mortificarle, mas tales consideraciones deben andar rondando su cabeza.

Mi ángel guardián, ahora guardián a secas, pregunta al cojo cada día, mientras cierra a sus espaldas la puerta:

—¿Cómo van esos presos?

—Tú lo sabrás mejor que nadie.

—A este paso, pronto me sobrarán las llaves. Si por mí fuera, los echaba a la mar. Dos traidores menos y dos raciones más. ¡El diablo se lleve a franceses y españoles!

Tales razones iban marcando el paso de los días, hasta que vino a rescatarme el capellán. Apareció en el umbral y apuntándome con la diestra, ordenó al carcelero:

—Deja libre a ése.

—¿Y al otro, reverencia?

—Digo que sólo a ése.

El guardián dejó franca la puerta y yo, como hijo pródigo, seguí tras de mi amo que apenas se dignó mirarme.

Quedó encerrado el amigo, todavía empeñado en no comer ni beber, en tanto el ángel me despedía con disgusto.

—Bien puedes darle gracias a tu amiga —susurró a pasar.

—¿Qué amiga?

—¿Cuál ha de ser? La criada de la gobernadora. De no ser por sus buenos oficios, te pudres en prisión como tu compañero. ¿Aún sigue haciendo penitencia?

No respondí mas era cierto que seguía aferrado a su

orgullo rechazando cada mañana la escudilla. Sólo al cabo de algunas semanas consintió en tomar pan, pero siguió callado; sus ojos hablaban por él, desconfiados y lejanos.

A veces, yendo a visitarlo, me encontraba a la pequeña María que apresuraba el paso, camino de la alcoba de su dueña. Sólo un saludo breve y se perdía como huyendo de mí. Hasta que cierto día, en vez de hacerme a un lado, la así por el cesto de la ropa.

—¿Qué? ¿No conoces a quién te dio la vida?

Quedó en suspenso, tan contraria y corrida que tardó en responder:

—Conozco a quien me place. —Luego, como resucitando, añadió—: Lo que perdido está, no vuelve.

—¿Quién habla de volver?

—Tú que andas al acecho siempre. Un día el ama lo sabrá.

—¿Por tan necio me tienes? Sólo vine a agradecer mi libertad, pero queda tranquila que, de hoy en adelante, no volveré a acercarme nunca más.

Entonces vino a mí en la oscuridad y de nuevo volvieron aquellos días felices en la carne y el filo de los dientes, en aquel cuerpo magro donde buscaba aliento el mío. Cuando nos separamos húmedos y rendidos, la pequeña María suspiró:

—Nunca más. Si seguimos así nos perderemos.

Traté otra vez de alcanzar sus tibias gracias pero ella las cubrió furtivamente.

—No quieras más de mí. Ya tuviste tu premio. Conténtate con él y quedemos amigos para siempre.

Fue preciso dejarla huir, verla perderse corredor adelante por donde ya venía un rumor de arrebatadas voces.

Fuera, en la torre, el comisario junto al capellán, se afanaba sobre el anteojo.

—No parece española.

—Será inglesa quizá.

—Inglesa no y argelina tampoco. Lleva bandera blanca.

En el puerto, una gran muchedumbre se juntaba, luchando por averiguar qué noticias traía una nueva fragata. Yo bajé a puro salto, los lisiados a rastras, los enfermos en el afán postrero de la muerte, y el cojo volteando su bastón, rumbo a aquel blanco pendón que el viento de la tarde estremecía.

Cuando estuvo al alcance de la voz, un silencio impaciente cayó sobre los corazones. Unos lloraban como siempre, otros, sobre la arena, se santiguaban a escondidas.

Y de pronto, desde la cofa, sobre el barco, un grito pareció bajar desde las nubes:

—*¡Liberté! ¡Liberté! ¡Liberté!*

Nadie supo qué responder. Sólo los más vecinos se lanzaron al agua, tratando de alcanzar lo que ya todos pregonaban sin saber de qué bandera se trataba, ni qué destino aquella nueva voz nos preparaba. Yo sentí el cuerpo frío. Por si acaso no cerré los ojos, no fuera a despertarme como tantas veces en aquel fuerte donde aún se hallaba encerrado el amigo. Y no era sólo yo; también dudaba el cojo.

—¿Por qué bandera blanca? —preguntó.

Ninguno respondió. Nadie escuchaba salvo aquel caporal que enseñaba cristiano en el «Palais Royal».

—No veo —dijo—, nuestras águilas. ¿Se hallarán todavía sobre Roma y Madrid?

El comandante mientras tanto, cruzó la pasarela y una nube de cautivos le rodeó, luchando por entender lo que, a su vez, con sus gritos ahogaba. Al fin supimos que solicitaba la presencia de algún oficial.

Un vendaval de voces apuntó hacia Monsieur de Massac que ya, a buen paso, se acercaba. Los dos hombres se abrazaron y aquel rostro curtido de metralla brilló ajo un rocío de lágrimas para después, unidos, alejarse amino del fuerte.

Allí tuvieron noticia el gobernador y el comisario de lo que adivinábamos: la caída del Emperador. Un nuevo ey ocupaba el trono de Francia y, con la guerra conclui-la, sólo restaba devolver a la patria a los cautivos de mo y otro bando.

Cuando, tras las conversaciones, nos leyeron el parte londe se hablaba de nuestra definitiva libertad, un vien-o de sorpresa y asombro vino a nublar para muchos quella buena nueva. Aquel Napoleón trueno de reyes, zote de naciones, sólo era ya prenda de guerra o poco nás, como nosotros. Poco sabíamos del nuevo rey Luis. Vinguno recordaba su rango o dinastía pero la voz del ficial así lo proclamaba en tres lenguas distintas.

—¡Napoleón no es ya Emperador de los franceses! ¡La ación saluda la vuelta del monarca sucesor de san Luis de nuestro glorioso Enrique IV!

La confusión crecía entre nosotros. ¿Quién sería aquel an Luis capaz de conseguir lo que les fue negado a antos?

—El tal Luis —murmuró el cojo—, ha de ser nuevo n estos pagos pues sólo conozco uno y ése es santo es-añol.

—¡El rey promete —clamaba el oficial—, hacer la feli-idad de Francia y la vuestra!

—¡Buena noticia si no oliera ya a vieja! —protestó el aporal—. El mismo Emperador la repetía.

—¡El rey os devuelve la libertad! ¡Viva el rey!

Sólo entendí que mi fortuna iba por otro rumbo que a de mis amigos. Ni los mismos franceses eran unos en odo. Algunos respondieron con un «viva» solemne, en anto que los veteranos escupían al suelo, haciendo ver que preferían la esclavitud antes que irse a postrarse ante uien combatieron antes.

Pronto nacieron disputas enconadas. Muchos aún se negaban a creer las palabras del oficial que prometía volver a rescatarnos antes de una semana y en aquella babel, sólo un montón de barricas de vino, fue capaz de convertir en fiesta lo que ya se anunciaba duelo entre repentinos enemigos.

Cautivos y soldados, bailaban en las calles, en el «Palais Royal», entre voces y lágrimas. Según la noche amenazaba, el estrépito crecía. Se vació la prisión por orden del gobernador y al fin pudimos abrazar al amigo más sorprendido que nosotros.

—¿Qué es esto? ¿Qué sucede?

—Esto es la libertad, amigo mío.

—¿Quién lo asegura?

—¿Y lo preguntas tú? —respondió el cojo mostrándole la puerta abierta de la cárcel—. Ahora el vencido y preso no es otro que tu Emperador.

—¡No es cierto!

—Ahora hay un rey que manda en los franceses.

—¿Qué rey? —se le quedó mirando como si sólo el nombre le ofendiera.

—Pregunta al oficial. Él lo sabe. A mí tanto me da, con tal que cumpla lo que dice.

No añadió más el cojo pero el rejón quedó clavado en el costado del amigo que, apretando el paso, se alejó con aire dolorido.

A la noche, cabañas, tiendas, barcos, encendieron sus fuegos en la tierra y el mar y hasta las mismas cañoneras se engalanaron con faroles de colores. Desde la fragata, a la espera de vientos favorables, llegaban hasta nosotros vagos rumores de marchas militares, voces lejanas que daban vivas a su tripulación, al nuevo rey y a los valientes prisioneros de Cabrera.

Y finalmente, una vez agotados los toneles, saciados de bebida, llegó para los cautivos de la isla su noche de

San Juan. Todo ardió: barracas y talleres, cercados y techumbres, piras de leña y almacenes, en un común deseo de borrar para siempre aquellos negros años reducidos ahora a la espera de una sola semana.

XXXIV

Una semana es poca cosa para quien nada aguarda, mas no para nosotros. Aún no habían pasado cuatro días y ya muchos desconfiaban, lamentando las recientes hogueras.

—¿Cómo sabemos que la fragata vuelve?

—¿Quién asegura que a estas horas no la hundieron los ingleses?

—Quizá dieron con ella en el fondo del mar.

Entre todos cra el cojo quien más se lamentaba. Cerrado su negocio, descargaba sus iras sobre el vecino más cercano, casi siempre el amigo que parecía despertar su mal humor antes que nadie.

—Me parece que tu nuevo rey hace tan poco caso de nosotros como tu antiguo Emperador. A fin de cuentas los dos son franceses.

El amigo callaba, en tanto porfiaba su oponente:

—¿Tú por cuál de ellos estás? ¿Te quedas o te marchas? Aunque a decir verdad si el barco vuelve no va a parar aquí ni el capellán.

—Alguno quedará —respondía su rival desdeñoso.

—¿Quiénes?

—Los muertos.

Ahora su voz amenazaba. Mas el cojo no perdía los arrestos con facilidad. Por el contrario, sin echar paso atrás volvió a preguntar:

—No lo dirás por mí.

—Lo digo por quien no sabe hablar sin ofender a los demás.

—Perdona, mariscal —se burló el otro fingiendo una rendida reverencia.

Nunca, desde que trabé amistad con ellos, los vi tan enemigos. Se diría que aquella libertad en puertas los dividía y enfrentaba. El amigo saltó sobre su antiguo protegido que le esperaba sobre su pierna y media y a no ser por mí, mal lo hubiera pasado. Traté de hacer las paces, pero el orgullo de ambos no consintió pactar sino una leve tregua hasta el día siguiente.

—¡Mañana, a mediodía, te cerraré esa boca de patán!

—¡No faltaré! ¡Descuida!

Así, de modo tan particular, cuando el destino más a favor se nos volvía, quedó aquel duelo concertado ante las tapias del cementerio viejo. Parecía que, aliviados, buscáramos correr riesgos mayores. Yo y el ángel guardián fuimos llamados de testigos y se escogió las armas habituales.

El cojo apareció puntual, con el bastón rematado por una navaja; su rival, con un cuchillo tan viejo como el hambre. El guardián, ya ducho en tales lides, intentó conciliar ambas partes pero ninguna de las dos cedió.

Viéndolos frente a frente, descubrí que el cojo, torpe y todo, era más hábil que el amigo, amenazando el rostro y los costados del otro, con su bastón en molinete.

Su rival se defendía bien, sin embargo su cuchillo, por mucho empeño que pusiese, no era un arma eficaz, sino pobre defensa de soldado en ciernes.

Las dos puntas volaban en el aire como cuervos de mar, buscando cada cual su presa. El amigo dio de pronto un traspiés que le tiró por tierra y el otro, en vez de abalanzarse, se hizo atrás, esperando. Por fin el cuchillo tocó de lleno en la cara del cojo que iracundo, arremetió con saña a golpes hasta alcanzar de lleno a su rival.

—¡Alto! —gritó el guardián—. ¡Ya hay sangre suficiente! —Y, a su voz, pusimos fin al duelo tratando de que los dos rivales se abrazaran.

—En lo que a mí me toca, me doy por satisfecho —declaró el amigo, atajándose la sangre que de su frente manaba.

—Lo mismo digo yo —respondió el cojo guardando su navaja.

Todo quedó como antes salvo en las heridas y la antigua amistad maltrecha para siempre. Allí aprendí cómo suele la espera jugar con el destino de los hombres: amigos en la adversidad, rivales cuando nada sucede y el tiempo se agota.

Según los días se consumían, nuevas dudas se amontonaban sobre el otro mar de nuestros sueños y vigilias, en aquellos ojos ciegos de tanto acechar el horizonte. Y sin embargo, cumplida la semana, puntual como la luna, vimos volver nuestra fragata acompañada de otras tres hermanas.

El campamento volvió a resucitar. De nuevo los heridos miraron al cielo suspirando aliviados. Cada cual se echó encima la ropa que tenía, dispuesto a embarcar y yo corrí a avisar al capellán.

—¡Amo! —llamé a su puerta—. ¡Ahí están! ¡Han vuelto! —grité en la oscuridad.

—¿Qué voces son ésas? —preguntó la suya desde el otro lado.

—La fragata volvió. Y aun vienen otras tres con ella.

—No hace falta alborotar de esa manera. ¡Largo de aquí y avisa al comisario!

Un golpe de viento empujó la hoja entreabierta. Allá,

al fondo, en su lecho revuelto, la pequeña María luchaba por esconderse entre las sábanas.

Entonces entendí la cólera del clérigo, su barrera tenaz, aquel mirar hostil de la que fue mi compañera.

Necio de mí, sin saber qué decir, sólo volví a mi ser, con un par de pescozones.

—Vete —murmuró el amo—. Si te vas de la lengua te arrepentirás.

El pecho le temblaba poblado de arrugas y canas, sus ojos se encendían y, cuando a mis espaldas, la puerta se cerró, no supe sino maldecir todo el tiempo que eché en los escalones.

En el puerto ya la mañana pintaba libertad con los barcos anclados, ceñidos por una multitud que los acometía en balsas y tablones. El mar hervía en torno de las quillas hasta que el comandante alzó la voz anunciando que, en aquel primer viaje, sólo se llevaría a los enfermos.

Los veteranos al punto protestaron.

—Sanos o no —gritaban—. Nos corresponde embarcar los primeros.

Más de tres días duraron las negociaciones. Ninguna autoridad era capaz de detener a quienes por tanto tiempo obedecieron. Sólo cuando se amenazó con aplazar el rescate, se avinieron a hacer paso a los heridos. Allá fueron en procesión, cuerpos donde la vida apenas asomaba, tullidas osamentas, carne al sol. Y allí, entre los primeros, distinguí al amigo con la cabeza herida todavía.

—Llegó la hora para ti —le murmuré al oído—. ¡Buen favor te hizo el cojo!

—Espero verte un día. Si alguna vez nos encontramos, cuenta conmigo en lo que pueda ayudarte.

—Si alguna vez volvemos a juntarnos —le contesté estrechando su mano— ojalá sea en mejor ocasión.

Dicho lo cual, siguió adelante. Una vez en el barco, como todos, permaneció en cubierta mirando a tierra, diciendo adiós a los que allí quedábamos.

De nuevo tornaron aquellas dudas y temores con las recientes novedades de la guerra, mas bien dicen que la costumbre lo hace más fácil todo: penas y alegrías, hasta acabar olvidando la impaciencia. Así la nueva espera se nos hizo más breve y cuando las fragatas volvieron, cumplida una semana, no parecía sino que hubieran alzado anclas la mañana anterior.

Fue inútil que el gobernador prohibiera nuevas hogueras en la isla. Un viento de venganza se alzó otra vez sobre el negro solar de lo que fueron mercados y cantinas hasta llegar su turno al fuerte. El bastión más deseado era el rincón del comisario, sus alacenas, sus arcas rebosantes de trigo requisado. Allí debían estar nuestras raciones, el vino que jamás nos llegó, las sacas perfumadas de tabaco.

La tormenta crecía según la multitud trepaba escaleras arriba. Puertas y corredores de par en par parecían abandonados a su suerte; cómodas y jergones volaban más allá de las ventanas. Tan sólo la despensa seguía cerrada pero pronto saltó en pedazos a fuerza de coces.

Allí fueron las Bodas de Caná. Pipas, barricas y odres derramaron su sangre y más adentro, en un corral improvisado sobre la muralla, media docena de palomas fueron bien presto degolladas, comenzando un banquete sazonado con rotura de toneles que derramaban su negra sangre por los suelos.

Con el vino crecía el entusiasmo. Alguien propuso agradecer su celo al capellán, pero no lo encontraron. Ya el temporal cedía cuando, acercándome a su alcoba, vi rodar por el suelo un aluvión de veteranos.

—¿Qué encontraron? —pregunté a mi guardián—. ¿Algún nuevo tesoro?

—El mejor; la coima de tu amo. Debió echarla a los perros, para ponerse a salvo.

Crucé la puerta pero pies y brazos me derribaron; la jarra del lavabo se hizo pedazos sobre mi cabeza mas, aún así, pude alcanzar a ver a la pequeña María sobre su lecho hundido, intentando escapar de los soldados.

Uno tras otro, se abrazaban a su cuerpo inerte. El jergón restallaba ahogando juramentos, gritos. Aún trató de zafarse, pero un golpe furtivo rompió su frente bañándola de sangre para luego, muerta y todo, servirles de nuevo festín durante largo rato.

Cuando acabaron de saciar el hambre, entre el guardián y yo juntamos aquellos muslos macerados, limpiando de baba sus pechos y su vientre. La rescatamos de aquel cadalso testigo de su muerte y, paso a paso, como temiendo despertarla, la llevamos hasta lo alto del cerro, cerca de donde la encontré un día, vecina a su palacio de cristal, ahora como ella muerto y vacío.

En los campos desnudos, cara a la mar, le dimos tierra envuelta en un jirón de sábana.

—Así, cada mañana —pensé en voz alta— oirás el viento que sobre ti murmura, verán tus ojos el despertar del cielo y sentirás sobre tu carne el resplandor amable de la luna.

—Amén —repuso el otro—. Ahora descansa en paz.

—Nunca descansará mientras la guerra dure. Ésta y las que vendrán, cavarán una misma sepultura.

XXXV

Apoyado en la borda, ajeno al ir y venir del equipaje, se despide el capellán de su peñón alzado sobre la espuma de corales. Apenas oye el rumor de las gaviotas, ni el abrazo del mar que se cierra tras la estela del barco. Lejos queda su reino, desierto como debió estar siempre antes de convertirse en lazareto, con su cerro humilde y sus bancales maltrechos. Donde nacieron huertos sólo restan marañas de matojos salvados de los últimos fuegos; lo que antaño fue parroquia y casa es ahora un montón de recios precipicios. Sabinas y acebuches prolongan su sombra hasta la playa vacía; nadie se baña en ella; ninguno pasea o descansa; cualquier embarcación de guerra o paz hace tiempo que abandonó sus calas; sólo algún bote echa la red al agua lejos de la costa.

—Días amargos quedan atrás —murmura una voz conocida a espaldas del capellán—. Pasará mucho tiempo antes de que lleguemos a olvidarlos. ¿Qué harán ahora los cautivos?

—¿Qué han de hacer? Cada cual volverá a su patria. Esperemos que esta historia no se repita más, por el bien de todos.

El comisario suspira; a buen seguro que tales días se

borrarán para él en cuanto le concedan nueva plaza. Mira el peñón con saña calculando cuánto perdió en la huida y cuánto necesitará para reponerlo apenas llegue a Palma. Con él ha de viajar su famoso cinturón cargado de monedas sin el cual, según dice, no es capaz de conciliar el sueño. Mas su cilicio de oro debe saberle a poco pues, apoyándose en la borda, vuelve el rostro y murmura:

—Todos dejamos allí algo; siquiera sea el recuerdo de tantas horas perdidas.

Otros recuerdos se alzan ante el capellán. Dentro de poco se hallará en su ciudad rindiendo cuentas ante sus superiores. Quizás el obispo, como antaño, le reciba inquieto, prevenido, midiendo sus palabras, más lejano aún, tratando de evitar un posible contagio tras tantas horas cuidando el hospital.

Las cartas y partes pidiendo medicinas, ropas, camas, seguirán sobre su oscura mesa que nadie limpia o cuida, formando pálidos rimeros que el viento esparce sobre cojines y sitiales, revueltos con los avisos de la Junta.

¿Cómo le acogerán? ¿Qué llegarán a decidir sus superiores? ¿Juzgarán expiado su pecado o le será preciso nueva penitencia? El obispo le mirará en silencio como el día en que le hizo saber su decisión de marchar. En un principio no entendió sus intenciones; fue preciso explicarle por menudo la suerte de aquel puñado de franceses lejos de Dios y su país. Tal vez fueran herejes como aseguraba, mas cristianos o no, algo se debería hacer por sus cuerpos y almas, antes que abandonarlos a su suerte.

El obispo le había mirado pensativo, pasando revista a su zurcida sotana, a su pelo áspero y cano, a sus uñas rotas, buscando la razón verdadera de aquella repentina vocación que, en su opinión, antes que a caridad sonaba a huida.

En cualquier lugar, las almas necesitaban de ayuda y caridad pero si la razón de decisión tan súbita era añadir una mayor penitencia a pasados errores, en buena hora podía marchar aunque, mejor sería tomarse un tiempo para meditarlo.

Salió contrito del cuarto. Hasta entonces creyó definitivamente cancelado su pecado, mas, como él mismo decía en sus sermones, sin arrepentimiento pleno no hay perdón y su falta seguía tan viva en su memoria como en la de sus superiores. La raíz de su mal perduraba vecina de su casa, se hacía presente en la capilla, camino de la catedral. Cada vez que se cruzaba con ella apenas asomada bajo su velo leve, cercana en el saludo, en su vago ademán, haciendo resonar su alegre paso, procuraba evitarla, aún sabiendo que a poco le esperaría en el confesonario. Su voz medrosa a ratos, a veces armoniosa, parecía llenar la iglesia toda, contar a los demás aquella unión secreta que a un tiempo deseaba y maldecía.

Durante cierto tiempo se preguntó si su culpa sería tan grave como imaginaba. Allí cerca, en la misma penumbra, a pocos pasos de la celosía, reposaba en su magnífico sepulcro, esperando la Gloria, un falso papa. Allí estaba, tras ceder por un título su reino nacido del mar, convertido en obispo para la eternidad. No se portaron mal con él sus superiores, en tanto su propio pecado más modesto y común, a ras de tierra perduraba. Triste destino el suyo, ser medido por rasero tan distinto; el uno convertido en retrato de mármol, el otro en estatua de sal, tan lejos del perdón definitivo. Mejor marchar de la ciudad, escapar aprovechando la ocasión que la guerra con Francia deparaba.

Ahora, de vuelta, se pregunta qué ganó en el viaje,

salvo un reino fugaz, sin recompensa alguna, un puñado de días olvidados.

—Ya se divisa Palma —anuncia el comisario, empeñado en buscar quién sabe qué tesoros escondidos en la tierra que va quedando a un lado de la borda.

La ciudad va surgiendo blanca y dorada como una nube a punto de romper sobre la espuma. Cabrera, sus jardines rotos, el hospital hundido, su fuerte en pedazos, quedan atrás borrados. De nada sirvió huir; el pecado de antaño vuelve tan vivo como antes, renacido en el recuerdo de aquel otro cuerpo más menudo y altivo. De todo su valor y sacrificio sólo queda la certeza de que su vida seguirá igual; ya nunca alcanzará la paz que espera. De nada sirve poner en la balanza deseo y caridad. A medida que el barco enfila el malecón, según el puerto se abre en goletas y molinos, llega de nuevo hasta su corazón el recuerdo de la pequeña María, anunciando en la bruma su fracaso.

XXXVI

Quedó la isla vacía. Tedescos, polacos y gabachos partieron en el segundo viaje. Sólo quedó un puñado de españoles recelando, mal dispuesto a volver a la península. Las noticias que desde ella llegaban, aumentaban sus dudas. Algunos recordaban huidas anteriores a través de provincias asoladas por sus mismos vecinos, con las fuentes cegadas y las aceñas convertidas en ruinas. Las tropas que los defendían, mal pagadas, hambrientas comc ellas, apenas conseguían mantener la disciplina entre los fugitivos, gente de a pie y de silla, señores y criados.

—Nadie nos socorrió. Nuestros mismos hermanos nos seguían para caer sobre los rezagados.

—Antes que nada, me acuerdo del calor y el hambre.

—Y yo de las partidas. Aún tengo en mis oídos, sus salvas de disparos.

—Ahora todo volverá a repetirse. Medio país nos tiene por ingratos. ¡Triste suerte la nuestra!

—Bien está que paguen algunos, pero, ¿por qué nosotros y nuestros familiares?

Todos callaban mirándose entre sí, como haciendo balance de sus propias faltas.

—Después de todo —concluyó el que más se lamentaba— nuestro riesgo peor no es el rigor con que nos trate este nuevo Gobierno, sino morir a manos de la turba miserable.

Ya parecía agotada la cuestión cuando otra voz volvía a la carga, en nombre de la mayoría:

—Dudo que en Francia nos traten peor.

—¿Y renunciar a España para siempre?

—¿Qué podemos hacer si nos rechazan?

—Esperar a que estos días pasen. No han de durar eternamente.

—Señores; desde que tengo uso de razón, vengo oyendo lo que aquí se dice. Sin embargo, el rencor, la envidia, el afán de venganza, pueden durar lo que duremos todos.

—No soy de esa opinión —replicó el de antes—. Puede que no esté lejos la amnistía.

—¿Amnistía? ¡En el nombre de Cristo! Anda la gente desatada y según mis noticias, ya no queda en Madrid ni un hueco en las prisiones. Todo se halla revuelto: calumnias y verdades, gente de bien y carne de garrote. Mejor quedar aquí que ir a parar ante uno de esos tribunales purificadores.

Pero todos sabían que Cabrera no era nada ya, desierta, abandonada a su suerte, con su castillo herido dando sombra a sus calles arrasadas. Un silencio sombrío caía sobre aquellos vecinos postreros de la isla que sin embargo aún se rebelaban:

—Quienes sólo teníamos un empleo y dos brazos con que servir al rey, ¿qué podíamos hacer cuando se marchó a Francia? ¿Morir en un rincón? ¿Luchar en la guerrilla? ¿Qué ejemplo se nos dio? Sólo el azar nos puso de este lado.

El cojo les oía con gesto preocupado. Me rozó suavemente con el codo y murmuró:

—Si hacemos causa común con ellos, ten seguro que de aquí no salimos.

—Poco tenemos que perder —respondí—. Ni tú ni yo tomamos parte en esto; nunca fuimos soldados.

—Compañero —me replicó con sorna—, no conozco ningún pecador que, en llegando ante el juez, no se diga inocente. Si el tribunal que dicen cae sobre nosotros, no doy medio centavo por mi vida.

Tras una seña me apartó de los otros y ante las ruinas del «Palais Royal», me avisó:

—Tienen un barco preparado.

—¿No temen tanto volver a tierra firme?

—Algunos prefieren arriesgarse. Están dispuestos a llegar aun a costa de sus vidas, ¿qué decides?

—Cuenta conmigo. ¿Tú para dónde vas?

Señaló el mar con un vago ademán como abarcando el mundo más allá de las nubes.

—No sé —repuso—. He nacido en la guerra y no quiero saber de ella. Ni sé cómo empezó, ni si terminará algún día. Sólo conozco marchas y contramarchas, prisiones y miserias.

Yo escuchándole, me acordaba del amigo, de su honor, de su pasión por el Emperador para quien era un arte con sus normas y reglas.

—¿Qué arte es ése? —se alzó el cojo—. Los suizos luchan por quien más sueldo ofrece; otros por el botín, empezando por sus generales.

La charla nos había llevado al cementerio de los veteranos, huerto de cruces separado como si, más allá de la muerte, aún quisieran mantener sus privilegios.

—Míralos; ahí están —señaló sus montones de tierra coronados por unas cuantas cruces—. En vida sólo supieron pelear, morir, vencer o ser vencidos. ¿En dónde está su honor, su gloria, sus raíces? —Volvió hacia mí los ojos—. No, amigo, harto estoy de muertes. Buscaré en mi país un trabajo que me cuadre.

—¿A qué hora parte el barco?

—Dicen que al alba. Como siempre, depende del viento.

—¿No acabará este viaje como el otro? —pregunté dudando.

—Ahora no es como antaño. Nadie vigila el mar. Ya no hay gobernador ni comisario.

Busqué entre mis harapos aquel papel que un día, antes de partir, me entregó el hombre de gris: sólo unas líneas con un par de nombres.

—Marcho contigo —murmuré.

—Yo no voy a Madrid.

—No importa; seguiremos juntos hasta que decidamos separarnos.

—Si ésa es tu voluntad —concluyó—, lo que sea de uno que sea de los dos. Ojalá esta vez alcancemos tierra firme.

El viaje no fue largo. Los compañeros recelosos, velaban tratando de adivinar la costa que la espuma anunciaba. Viéndolos tan unidos y sumisos, entre cestas y redes, me preguntaba qué destino común nos aguardaba según la luna nos comprometía, asomando su rostro entre las nubes.

—Ya está la tierra cerca —murmuró el cojo viendo arriar la vela principal—. Por esta vez salvamos.

Dando razón a sus palabras pronto alcanzamos una cala de guijarros donde la barca fue a encallar.

—Amigos —habló el patrón a todos—. Aquí termina mi trabajo. En adelante, cada cual es dueño de su suerte.

Quedamos a la escucha. Más allá de la borda corría un cordón oscuro donde iban a romper las olas. Tras de aquella vaga muralla, bajo el cielo que comenzaba a clarear, se hallaba al alcance de la mano nuestra libertad. Adivinándola tan cerca, ninguno se atrevía a gritar su alegría, a sollozar siquiera, como temiendo un nuevo desencanto. Uno tras otro, bañados hasta la cintura, fuimos ganando tierra firme sin saber qué camino seguir, cómo evitar las patrullas que imaginábamos no habrían de tardar en perseguirnos.

—Cuanto más divididos —apuntó el cojo—, más a salvo estaremos. Esperemos hasta que salga el sol.

Me parecieron justas sus razones y abandonando a los demás que aún discutían, seguimos quedamente tierra adentro.

Un sol ya bajo nos despertó junto a un cerro de ruinas que en un tiempo debió ser venta o casa de labor; lejos brillaba el mar limpio de embarcaciones.

Con el vientre vacío y la garganta seca, seguimos caminando en busca de alguna acequia o huerta, mas todo en torno era tierra quemada, bancales rotos, corrales arruinados.

—Bien se ve que la guerra llegó hasta aquí también.

—Debe ser nuestro sino: Irnos a dar siempre con ella.

A duras penas alcanzamos un sendero más ancho y despejado; viendo en el polvo huellas de cascos y rodadas, sentenció mi guía:

—Éste ha de ser algún camino real. Quedémonos que alguno ha de venir a socorrernos.

Pero el primero que llegó ni siquiera menguó el paso de su cabalgadura. Antes, por el contrario, picó talones acelerando el trote.

—Otro vendrá; no desesperes.

Y era verdad. El siguiente fue más misericorde. Nos regaló unas cortezas de pan y un trago de su bota dejándonos animados y conformes.

—Al otro lado de ese cerro, cruza el camino que buscáis —indicó—. Hay una venta allí donde no falta nunca gente de paso.

Seguimos hacia donde apuntaba, dejando a un lado

el mar entre surcos baldíos y cerros abrasados. Ya a punto de caer la noche, una nube se alzó a nuestras espaldas. Viéndola, el cojo se echó de bruces sobre el polvo como si un rayo le hubiera herido en la cabeza.

—¿Qué mal te vino ahora? —le pregunté temiendo por su vida.

—Déjame donde estoy. Tú queda a un lado y piensa una mentira que nos salve.

Le obedecí pero, por más que me apuraba, no conseguía juntar sino un puñado de palabras. La nube, paso a paso, iba tomando forma de pesado carruaje. Cuando el mayoral alcanzó a ver el cuerpo de mi amigo dio un tirón de sus riendas que hizo crujir la nave.

—¡Por Judas! ¡Buen lugar para dormir la siesta!

—No duerme —repuse.

—¿Qué hace pues, ese cristiano ahí?

—Señor, somos dos pobres náufragos.

El mayoral se rascó su cabeza poderosa.

—¿Náufragos por aquí? —volvió a preguntar mirando en torno el cielo despejado.

—Nuestro barco lo hundieron los franceses —repetí apuntando a la costa—. Mi compañero tiene en el buche tanta agua que de no echarla afuera, temo que no llegue a la noche.

—¿Qué sucede? —llegó una voz desde la ventanilla.

—Dos náufragos, señor. Han hundido su barco los gabachos.

—Hazlos subir y sigue.

Uní mis fuerzas a las del mayoral y entre los dos dimos asiento en el pescante al taimado cojo que aún cerraba los ojos como luchando por su vida. De ese modo llegamos a la venta donde el amo invisible tenía previsto un alto hasta el día siguiente.

—¿Vais muy lejos de aquí? —preguntó el mayoral.

—Camino de Madrid.

—Allá vamos nosotros —respondió y sin añadir una palabra más se alejó camino del establo con sus mulas.

Viéndole de camino, di con el codo al cojo.

—Ya puede volver en sí su señoría. Mejor seguir al mayoral que a buen seguro esta noche cenamos.

Tal como suponía fueron nuestras su bota y las sobras del amo. Luego nos dimos cita en el establo y pronto un dulce sueño vino a caer sobre nosotros. Llevaba largo rato perdido en él cuando un estrépito de voces me hizo alzar la cabeza entre las pajas. Un nube de golpes se repartía entre pesebres y rincones.

—¡Voto a Cristo! ¿Quién despierta a cristianos de este modo?

Sólo me respondió un huracán de bastonazos. Un vendaval de sombras hundía horcas y aguijadas entre mulas y carros.

—¿A quién buscan? —preguntó el cojo.

—A una partida de malos españoles —replicó una voz.

—Tal somos pero buenos y santos.

—Tu poca edad te salva —repuso el que mandaba la cuadrilla— pero, por mis pecados, que los que aquí se esconden han de pagar con la vida sus traiciones.

Uno tras otro, a la luz de las linternas, fueron naciendo de la sombra, rostros huidos, gestos acongojados, cuerpos que apenas se tenían en pie.

—Adelante, traidores. Pedid ayuda a Bonaparte.

Ninguno respondía. Como manso rebaño, se dejaban empujar hacia la noche que, una vez fuera pareció devorarlos. Quedamos el cojo y yo dentro, temblando. Un rumor de oraciones vino de pronto, interrumpido por una salva de disparos.

—Ésos ya alcanzaron el cielo —murmuró—. Quién sabe si vinieron en nuestro mismo barco.

No conseguí dormir. De nuevo volvían a mi memoria el recuerdo de tantos otros muertos, del renegado y la pequeña María, de aquella sogas que, allá en los pontones, esperaban la visita del barquero.

Ya con la luz del día, un golpe en el costado me devolvió a la vida.

—¿Qué nuevo mal nos viene ahora? —pregunté al cojo.

—Amigo; aquí nos separamos. Yo no voy a la Corte sino a mi tierra, como dije. Tengo pensado buscar hacienda allí.

Se soltó el cinturón que sujetaba sus calzones y agitándolo sobre la mano diestra dejó caer en ella una cascada de monedas.

—Si en tu tierra te va como en prisión, dentro de un par de años puede que sea tuya Andalucía entera.

—Digámonos adiós que ya amanece.

Nos abrazamos y el postigo borró su sombra para siempre.

A poco el mayoral apareció, cargado con los aparejos.

—¿No despertó tu compañero?

—Se fue al amanecer. Lo recogió una recua de muleros.

—Flojo mal el que cura en una noche. Toma esta cabezada y prepara las mulas. Cuando esté listo el tiro, me avisas.

Aquellas mulas sabían más que el mismo cojo. Apenas me acercaba a ellas mostraban al aire sus dientes amarillos. Así andaba luchando, cuando la misma voz que nos salvó a la tarde murmuró a mi espalda:

—No pareces muy ducho en estas lides.

Di vuelta y descubrí a un caballero ya de avanzada edad y trato amable.

—¿Eres tú el náufrago del que habla el mayoral?

—Al menos el que resta de los dos.

—¿Por qué? ¿Murió tu compañero?

—Al contrario, sanó. No hay mejor medicina que una cena cumplida.

—Y tú, ¿qué rumbo llevas?

—Ninguno, señor; ando desarbolado y sin estrella.

Quedó dudando y como el mayoral ya se acercara le ordenó:

—Llévate a la cocina a este buen mozo. Búscale una casaca y pantalones y súbele, que viene hasta Madrid conmigo. Aviva que amanece y aún nos queda media jornada hasta la sierra.

Así, desde el pescante, junto al mayoral, fui conociendo lo que la mar callaba: nuevos desastres, fuegos, ruinas, páramos con rebaños miserables. Una nutrida tropa de mendigos quedó clamando atrás, alzando al sol bastones y cayados y, a orillas de un mezquino bosque, vi madurar una nueva cosecha de cadáveres.

—Ésos no volverán más a su tierra —murmuró el mayoral santiguándose. Yo hice otro tanto y pregunté:

—¿Son españoles?

—Di mejor que lo fueron. Son traidores.

—Alguno bueno habrá entre tantos.

—Ningún buen español se une a sus enemigos.

Punto en boca, no volví a preguntar aunque bien me acordaba de aquellos otros del establo. Mal pintaba la vuelta para todos, según los campos se iban abriendo a nuevas hecatombes. Apenas pasaba una jornada sin que se nos pidiera salvoconducto o pasaporte. Yo me echaba a temblar cuando algún oficial arrimándose al pescante preguntaba al mayoral:

—¿Es hijo tuyo?

—Lo recogí en el viaje.

—¿De dónde viene?

—De un barco que echaron a pique los gabachos.

Pero una y otra vez el caballero me rescataba declarando:

—Está a mi servicio. Yo respondo por él.

Y sin hacerse ver, gracias a aquella voz y al escudo

que adornaba la puerta del coche, seguíamos adelante.

Aquellos cuatro cuarteles coronados, además de valerme, me acosaban a lo largo del día, recordándome mis ya lejanos tiempos de cunero.

Cierta tarde mandó hacer alto el caballero como solía cuando el sol apretaba.

—Mira; allí está la Corte —me señaló un montón de campanarios—. Allí puede tu porvenir enderezarse.

—¿De qué modo, señor?

—Cumpliendo y obedeciendo en todo. Si perseveras, no ha de faltarte comida y casa donde te hagas hombre.

—Señor, en lo que a mí me toca, siempre fui agradecido.

—No es mal salvoconducto ése.

Me ordenó subir con él y, camino adelante, fui contándole la historia de mi vida, haciéndole más breve el viaje. Pasé revista a la Casa de Expósitos, al capellán y a la gobernadora, callando adrede, por si acaso, la cuestión del sargento y la del ama del jardín. Tan a lo vivo pinté los días de la isla que, posando sobre mí su mano, murmuró:

—Bien puedes estar contento de tu suerte. Al fin y al cabo salvaste la piel.

Y era verdad. Atrás quedaba la pequeña María, el cojo y su negocio, el capellán padre de todos y marido a la noche junto con el amigo siempre soñando entorchados y galones. Todos, vivos y muertos, se perdían tras de mí en un sendero de pan sin recoger, poblado de coches cargados como el nuestro de equipajes.

9 — 3.898

XXXVII

Ahora ya tengo padre y madre. Mi vida es, a más de algún que otro recado, dar brillo al coche y pienso a los caballos. Cada día acompaño a misa a la señora; luego la espero y una vez repartida su caridad, la devuelvo a casa donde el marido espera. El amo se levanta mediada la mañana, toman juntos su bien cargada jícara, mira la *Gaceta* y sale a echar una ojeada al Prado. Por el salón, al amparo de los árboles que anuncian primavera, van y vienen indiferentes y solicitadas, hijas de amigos, mujeres de antiguos clientes, alguna viuda al pairo esperando el abordaje, viejas que nada ven pero que escuchan, mucha fruta en sazón, rodeada de brillantes uniformes.

En torno a ellas, hombres de toda edad se arremolinan. El amo me hace seña de partir y a sus ojos asoma un leve rayo de melancolía.

Por lo demás la casa no da mucho trabajo. No hay hijos que temer, ni parientes a los que soportar, sólo amigos que, vencida la tarde, vienen a discutir en torno de una partida de chanquete. Por ellos sé que al otro lado del mundo donde fue a parar, ha muerto nuestro gran enemigo el Emperador. Nadie le teme ahora, pero otra

uerra desconocida para mí debe andarse tramando se-
gún se ve de preocupado al amo. Sus amigos leen y repa-
san secretos informes que hablan de echar por tierra
a recién aprobada Constitución. Según dicen, todo se
halla revuelto y dividido, triste presagio de nuevas tem-
pestades.

El amo calla, mas las limosnas de la señora crecen
como dispuesta a hacerse perdonar pecados cada vez
más graves. Los criados sólo murmuran a mi espalda.
Tampoco ellos saben gran cosa acerca de esa Constitu-
ción que quita el sueño a tantos. Las mujeres se enco-
miendan a la Virgen y los hombres al rey Fernando que
al fin volvió de Francia. Ellos tampoco quieren nuevas
leyes.

—Si hemos de seguir pobres —dicen— es mejor serlo
en paz.

La verdad es que todos tienen miedo. La señora se
estremece cuando en el sermón oye los males que nos
amenazan, expulsiones de clérigos y cierres de conven-
tos, palacios quemados, amigos muertos por defender
sus privilegios.

Cada vez que llega del campo alguno de sus adminis-
tradores, el marido pregunta:

—¿Hay calma por allí?

—Por ahora sí, señor. Ya se verá más adelante.

—¿No se habla de la revolución que se avecina?

—¿De qué revolución, señor? Allí todos están pendien-
tes de la cosecha de aceituna.

El amo suspira aliviado, quién sabe si pensando en el
banquete de la noche.

Así, buscando esa verdad que nadie dice, he encon-
trado aquel billete escrito que el hombre de la levita gris
me entregó cuando dejó Cabrera en la primera remesa
de oficiales. He seguido sus señas como mapa hasta en-
contrar la casa que señala. Llamo a la puerta y tras mu-

cho esperar, me abre muy quedamente un hombre en mangas de camisa.

—¿A quién buscas?

Le entrego mi papel y tras lanzarme una ojeada, me franquea la entrada.

—Sígueme; pasa.

A través de desnudos corredores he obedecido yendo a parar bajo una espesa nube de humo. En torno de una mesa provista de plumas y pliegos, otros como él escriben o discuten.

—Es inútil. El pueblo sigue fiel al rey Fernando. No espera nada de nosotros. Por mucho que le humillen, seguirá donde está; no hay que hacerse ilusiones.

—Sin embargo alguna vez se alzó y no sólo contra Napoleón.

—El tiempo nunca corre en balde. De poco sirven leyes que al final no se cumplen.

—No es culpa nuestra si no se respetan.

—Es cierto pero, ¿quién se lo dice? ¿Quién es capaz de hacerlo entender a un país que nunca ha sido libre? Y por si fuera poco, ahora nos amenaza Europa.

El que se sienta a la cabecera de la mesa calla un instante cuando le pasan mi papel, le echa un vistazo distraído y me invita a acercarme.

—¿Quién te envía? —pregunta.

De pronto caigo en la cuenta de que apenas sé nada del amigo de gris. Sólo recuerdo su levita.

—No sé su nombre. Dijo que le buscara si algún día venía a Madrid.

—Puedes hablar con él a la noche si quieres.

—¿Ya esta noche?

He quedado sorprendido en tanto mi billete cae al suelo en pedazos.

—¿Conoces el «Café de Lorencini»?

Tras mucho preguntar nombres de plazas y calles, de

nuevo he vuelto a verlo. Esta vez en un salón pintado, repleto de espejos y sillas que tan pronto sirven para aguantar jarras y vasos como de tribuna para cualquier discurso improvisado. El de gris debe llevar buen rato hablando.

—¡Amigos! —concluye—. ¡Los embajadores de Austria, Prusia y Francia amenazan invadir España si no renunciamos a nuestra bien ganada libertad! Todos pidieron ya sus pasaportes. ¿Consentiremos que se nos obligue a olvidar ese lema sagrado, grabado en nuestros corazones? ¿Borraremos de ellos esa santa palabra?

Un clamor de ovaciones responde a un tiempo «Nunca», en tanto me abro paso hasta él que, al pronto, no me reconoce.

—¿No se acuerda de mí? Primero allá, en Bailén; luego en Cabrera.

—¡Cabrera! —trata de recordar—. ¡Cuánto tiempo ha pasado desde entonces!

—¿Qué fue de nuestro amigo?

Duda de nuevo en tanto los demás le apremian.

—No lo sé. Creo que ahora es oficial.

—¿Y el padre?

Noto que su impaciencia crece. Los amigos le empujan hacia otras mesas que de nuevo hierven con el revuelo de las voces.

—El padre murió, me parece —y en tanto se aleja, sus palabras suenan vacías, como de compromiso.

Cabrera, su loma ardiente, sembrada de cadáveres, queda borrada en el aire a la par que la pequeña María bajo una tierra que ni las cabras pacen.

He vuelto a casa tal como salí, aturdido y vacío, pero esta vez me espera el amo en pie, con el quinqué encendido y la señora a su lado.

—¿Qué sucede? —pregunto—. ¿Alguna nueva grave?

—¿No sabes la noticia? De Francia vienen cien mil hombres.

Lo dice en un tono de alivio bien distinto del que escuché en los labios del hombre de gris. Hasta el ama suspira, más tranquilo el semblante.

—Ahora tendremos orden —continúa—, pero no ha de ser fácil. Han decretado leva general. Todo español en edad militar está obligado a alistarse.

Y pues soy español, allá voy por los mismos senderos de antaño una vez más, hambriento, bajo un sol que anuncia nuevos rigores a mis pies quemados. Es cierto que todo va del revés, revuelto y dividido pero sólo nosotros seguimos como siempre, hundidos en el mismo polvo, rumbo hacia el mismo mar, hijos escarnecidos de la misma noche. Puede que allí de nuevo nos esperen los pontones, otra infame Cabrera pues, como asnos en torno de la noria, damos vueltas con los ojos vendados sin saber nunca donde empieza o termina nuestro destino miserable.

Nada sé y nada importa. Sólo que encadenado sigo, según otros deciden por mí. Mi destino es callar, obedecer, no rebelarme, saber que, por encima de cualquier razón, nunca me salvaré de esta cadena que va conmigo desde que nací, prendida desde el cuello a los talones.

Este libro se imprimió en los talleres
de GRÁFICAS GUADA, S. A.
Virgen de Guadalupe, 33
Esplugues de Llobregat.
Barcelona